1회성 고객을
100번 방문 고객으로
만드는 비밀

언택트와 콘택트에 다 통하는 숍 비즈니스의 노하우

1회성 고객을 100번 방문 고객으로 만드는 비밀

초판 1쇄 발행 2021년 4월 15일
초판 4쇄 발행 2024년 12월 15일

지은이 김현정

발행인 백유미 조영석

발행처 (주)라온아시아
주소 서울특별시 서초구 방배로 180 스파크플러스 3F

등록 2016년 7월 5일 제 2016-000141호
전화 070-7600-8230 **팩스** 070-4754-2473

값 14,500원
ISBN 979-11-91283-35-8 (10320)

1회성 고객을 100번 방문 고객으로 만드는 비밀

언택트와 콘택트에 다 통하는 숍 비즈니스의 노하우

김현정 지음

RAON BOOK

추천사

자신의 꿈을 찾아 떠나는 사람의 모습은 얼마나 아름다운가. 김현정 저자는 밝은 에너지를 갖고 있음은 물론 타인의 삶에도 긍정적 에너지를 주는 특별한 매력을 갖고 있다. 자신에게 자신감을 심어내고 자괴감에서 탈피해 뷰티 비즈니스에 관한 새로운 도전을 늘 찾아 떠나고 있다. 20여 년간 뷰티·헤어 산업에서 이룬 성공적인 경험을 토대로 즐겁고도, 사업에서 가장 중요한 레슨 다섯 가지를 전달해주고 있다.

- 행동 다루기
- 감정 다루기
- 동기 다루기
- 고객 다루기
- 리더 다루기

곰곰이 생각해보면 얼마나 중요한 단어들인가. 나야말로 이 책을 보면서 이 다섯 가지의 원칙을 배워야겠다. 내용 하나 하나 읽다 보면 '이것이 핵심이었구나' 하는 생각이 절로 든다.

그래서 나는 이 책을 단순한 경제·경영서로 보지 않는다. 자신의 삶을 살아가면서 어떤 일을 하든 자신의 인생을 경영하는 '인생 경영 지침서'로 보아야 한다고 생각한다.

이제는 평생직장의 개념이 없어진 지 오래다. 그만큼 모두가 자신의 사업을 일구어내기를 꿈꾸고 실제로도 일궈야 한다. 크든 작든 자신의 사업이 필수인 시대가 되었다는 것을 받아들여야 한다. 하지만 새로운 사업을 시작한다는 것은 얼마나 두려운 일인가?

그중에서도 여성이라면 그 두려움은 더욱 클지도 모른다. 새로운 사업을 준비하는 이들에게 이 책을 권한다. 감정, 행동, 동기, 고객, 리더의 마음 차원에서 그 방향과 속도 조절에 큰 도움을 받을 것이라 믿어 의심치 않는다. 나 또한 저자의 말들을 곱씹어 생각하기로 했다.

– 중간계 캠퍼스장 **신병철**

한 사람의 20년 경력이, 경험을 통해 배운 것들을 세상에 알리고자 한 꿈이 4년 만에 꽃을 피웠다. 이론과 연구를 통해 실전에서 드는 질문들의 답을 찾아내고 또다시 현장에 적용해 검증했다. 사람과 서비스의 본질을, 현장과 이론을 꼭 붙들고 우리가 어떻게 경영해야 하는지 저자답게 친절하고 우아하게 인도한다. 언택트 시대의 오프라인 비즈니스, 이 책은 어쩌면 진흙 속에서 피어오른 연꽃 같은 한 권의 책이 될 것이다. 오프라인이든 온라인이든 비즈니스를 하는 이라면 누구에게든 필독해볼 것을 추천한다.

— 숭실대학교 혁신코칭컨설팅학과 주임교수, ECS 대표 **김현정**

오프라인 사업이 점점 더 어려워지는 현실 속에서 방향을 찾지 못하고 디지털로의 전환만을 생각할 때 저자는 비즈니스의 핵심을 '사람'에 두고 그 핵심을 관리해 가는 방법을 전달하고 있다.

각자의 비즈니스 모델은 다르지만, 그 안에서 연결되는 핵심 가치를 가장 멋지게 찾아낸 듯하다. 그것은 바로 직원과 고객의 마음을 헤아리는 것이 아닐까 싶다. 그 헤아리는 마음이 이 책을 접하기 전과 후로 분명하게 나뉠 것이다. 사업하는 이들의 결과 또한 변화시킬 것으로 생각한다.

– 가미쇼보코리아 대표 **송충섭**

삼성 신경영의 성공 요인으로 라인스톱제 도입을 꼽는다. 불량이 발생할 경우, 생산 라인 전체를 멈추고 그 원인을 찾는 것이다. '불량은 암'이란 경영 철학이 있었기에 가능했다. 이와 비슷한 맥락으로 김현정 저자는 일의 활력을 높이기 위해 자신이 운영하는 매장에 '엄지타임'을 만들어 운영했다. 조 단위 사업이든 그보다 작은 규모의 사업이든 성공 요인은 모두 같다. 이 책은 예술과 감정 소비를 동시에 하는 미용인들의 마음을 어루만지면서 동시에 경영 성과를 높일 수 있는 비결을 공개한 탁월한 책이다.

– 팩토리8 대표 **신현암**

동네에 흔하게 보이는 편의점만큼이나 많이 보이는 게 헤어숍이다. 김현정 저자는 치열한 헤어·뷰티 산업군에서 살아남기 위해 온몸으로 체득한 모든 노하우를 이 책을 통해 하나 하나 친절하게 풀어나가고 있다.

이 책을 읽다 보면 코로나19 시대, 온라인으로 삶의 모든 것이 재편되는 시대에서 어떠한 방식으로 오프라인 숍이 살아남을 수 있을지에 대한 혜안을 자연스럽게 얻을 수 있을 것이다.

– 디지털 문화 심리학자, 건국대 경영대 교수 **이승윤**

이 책은 저자가 만 20년간 현장에서 경험하고 배운 '사람'에 대한 슬기로운 이야기들로 가득하다. 모든 이야기가 진솔하고 눈물겹고 함께한 직원들의 이야기가 눈부시다. 고객 접점의 경영자들이라면 눈이 번쩍 뜨이는 지혜로운 이야기로 가득하다. 현장 디자이너부터 본인의 매장을 경영하는 원장에 이르기까지의 과정을 통해 '사람'에 대한 이로운 이야기를 안내한다.

'행동 다루기', '감정 다루기', '동기 다루기', '고객 다루기', '리더 다루기'

이 다섯 가지 주제를 통해 미용 디자이너들의 기본 기술력부터 리더십과 세일즈 마케팅 기법을 이야기한다. 이 여정 속에 경영자들이 '사람'에 대한 인(간)성 교육이 얼마나 중요하고 이로운가를 깨닫게 한다.

"착각하지 마시라!" 초연결사회에 비대면 사회로 빠르게 세상이 바뀐다고 구호처럼 말하지만, 잘 살펴보면 주위에 고객 접점 산업들이 넘쳐난다. 'no offline, no online! 오프라인 없는 온라인은 없다!'라는 저자의 말처럼 결국 사람이 전부라는 것. 만 20년간의 경험과 수많은 교육과 세미나, 과학적 논문들의 사례를 근거로 사람의 마음을 얻어야 한다는 깨달음을 얻게 될 것이다. 사업을 하고자 하는 모든 이에게 일독을 권한다!

– 액션러닝코리아 대표 **이영민**

프롤로그

오프라인 없는 온라인은 없다

2019년 12월 31일, 만 20년 만에 회사를 퇴사했다. 퇴사 후 그 동안의 성과와 경험을 중심으로 헤어숍 비즈니스에 필요한 리더십과 현장 세일즈 강의를 하던 중 코로나19를 만났다. 감기처럼 단 몇 주면 지나갈 줄만 알았던 코로나19는 점점 더 기세가 거세졌고, 비대면을 우리에게 경험하게 하면서 사람들 간의 '연결의 맥'을 끊어놓았다.

2020년 여름, 시대 흐름을 알기 위해 서점을 찾았다. 서점 곳곳은 비대면을 강조하는 책들로 넘쳐났다. SNS에서도 비대면 시대에서 살아남을 수 있는 전략들이 쏟아져 나왔다. 내가 강의를 하고 있던 헤어숍 프랜차이즈와 개인 브랜드 헤어숍들을 떠올려보았다. 수도권, 지방 할 것 없이 오프라인에 최적화되어 있는 헤어숍 현장은 그야말로 코로나19와 전면전을 하고 있었고, 리더와 직원들은 끝날 줄 모르는 코로나19에 점점 지쳐가고 있었다.

퇴사 후 강의 스케줄이 줄줄이 계획되어 있던 새로운 나의 일상도 속수무책으로 멈춰버렸다. '앞으로 내가 헤어숍을 오픈하든 강의를 계속하든 완전한 오프라인 비즈니스뿐인데 어떡하지?' 싶었고, 지금까지 쌓아온 경력에 안도하고 있을 일이 아니란 걸 깨달았다. 그렇다면 비대면을 강조하는 시대에 사람들과의 대면이 중요한 오프라인 사업은 어떻게 해야 할까? 나는 이런 의문과 직면하게 됐다.

그리고 왜 현장에서 12시간 이상 일을 해도 원하는 성과가 잘 나오지 않는지, 왜 성과의 기복이 심한지, 경영 공부는 누구에게 어디서부터 배워야 하는지, 경영에서 제일 중요한 것이 무엇인지 등 이번 기회에 늘 궁금하던 것들에 대해 생각해보게 되었다. 리더로서의 경력이 한 해, 한 해 쌓일수록 경영이 쉽고 즐거워지는 것이 아니라 끝을 알 수 없는 미로처럼 의문과 답답함만 커져감을 느꼈고, '네 사업은 이런 식으로 해야 해' 하고 누가 알려만 준다면 비용이 얼마가 들든 붙잡고 배우고 싶었다.

헤어숍 스태프로 시작해서 헤어 디자이너가 되고 한 헤어숍의 지점장으로 순차적인 성장을 했지만 직접 헤어숍을 차려 리더가 된 후 4년간의 경영은 정말 너무나 고통스러웠다. 헤어숍은 디자이너가 있어야 그들을 찾는 고객이 존재한다. 그러나 경영 악화와 직원들과의 소통 문제로 대부분의 디자이너가 빠져나갔고 고객은 점점 더 줄어들었고, 결국 텅 빈 현장만이 남게 됐다. 처음으로 나의 처절한 현실과 무능력함을 마주하게 된 순간이었다.

경영난으로 인해 2009년부터 신용등급이 떨어졌고, 자금 흐름이 원활하지 않자 몇 안 되는 직원들의 급여조차 줄 수 없는 상황을 겪었다. 빚은 점점 날 조여왔고, 매일 인터넷을 뒤지며 이 세상 사람이 아닐 수 있는 방법을 모색했다. 하지만 죽음과 삶의 갈림길에서 나를 믿고 따르는 제자와 가족들의 응원을 무시할 수 없었다.

나는 다시 한번 힘을 내기로 마음먹고 삶을 선택했다. 이후 경영 문제로 돌아가 경영의 중심인 '사람'을 공부하기 시작했다. '사람과 소통', '인간관계'에 대한 공부와 더불어 경영에 필요한 지식들을 차근차근 나의 머릿속에 하나씩 채워나갔다. 그렇게 리더인 내가 변해가자 직원들 한 명, 한 명이 내 편이 되는 신기한 경험을 하기 시작했다. 직원들의 이직률이 점점 줄어들었고 고객들이 늘어나면서 그 흔한 SNS 마케팅 한 번 하지 않았는데도 입소문 하나로 헤어숍은 고객들로 넘쳐났다. 고객이 앉을 자리가 없어 간이 의자를 더 사야만 했고 그 작은 간이 의자에도 고객들은 불평불만 한마디 하지 않았다.

'고객은 왕이다'라는 말이 완연하고 셀프서비스가 흔하지 않았던 때 손수 음료를 가져다 마시고, 의자가 없으면 서 있고, 헤어숍 청소도 단골 고객들이 도와주는 말도 안 되는 상황들이 내 눈앞에 매일 벌어졌다. 괴로움의 4년이 배움의 4년으로 탈바꿈하는 순간들이었다.

나는 실패를 딛고 일어섰고, 내가 가장 잘할 수 있는 오프라인 비즈니스 분야에서 힘들어하고 있는 리더들과 직원들을 작게나마 도우며 이로운 일을 하고 싶어졌다. 바로 그때 경험을 좀 더 쌓으면 경영서를 쓰고 싶다는 묻어두었던 목표가 생각났고, 지금까지의 나의 경영 노하우를 담은 책을 써야겠다고 결심했다.

'리더'라는 타이틀만으로도 직원들을 압박할 수 있었던 수직적인 시대가 있었다. 또한 가게 문만 열어놓으면 고객이 물밀듯이 들어오던 핑크빛 전성시대도 있었다. 하지만 오늘날, 까다로운 직원과 똑똑한 고객의 마음을 동시에 사로잡아야만 살아남을 수 있는 새로운 시대가 왔다.

조직 내에서는 빠른 세대교체와 주 52시간 근무제와 노무 문제로 고객 응대 이외에도 리더라는 역할의 색이 변했고, 가져야 할 법적 책임도 커졌다. 혼자 운영하는 1인 숍 비즈니스의 리더도, 여러 명의 직원을 둔 리더도 이제는 더 이상 '감'으로 하는 경영, 리더의 파워만 넘치는 경영을 해선 안 된다. 크든 작든 경영에 꼭 필요한 비즈니스의 필수 요소를 반드시 알고 현장으로 뛰어들어야 한다. 그래야 시행착오의 시간을 아낄 수 있다.

'소통'은 조직의 심폐소생술과도 같다. 리더와 직원, 직원과 직원, 직원과 고객 등의 관계를 잘 맺는다는 것은 소통이 잘되고 있다는 의미다. 고객들은 오프라인 숍에 들어서는 순간 내부의 에너지와 온도를 직감적으로 느낀다. 높은 에너지와 따뜻한 숍의 온도는 바로 '내부 직원들과의 관계와 태도'에서 배어나온다. 나는 이 책에서 직원들과의 따뜻한 소통은 어디에서부터 시작되는 것이며, 고객들에게는 어떻게 전달되어야 하는지를 깊이 있게 다루기 위해 노력했다. 그리고 기술적인 테크닉 이전에 리더와 직원의 '본질적인 태도와 마음가짐'이 얼만큼 중요한지에 대해서도 다루고 싶었다.

이 책은 총 5장으로 구성되어 있다. 나의 만 20년 현장 경험을 바탕으로 '사람'을 중심으로 하는 비즈니스에 필요한 요소를 세분화했다. 1장은 큰 성공을 하기 위해서는 직원들 간의 관계, 팀워크, 회사 문화 등 어떤 부분을 어떤 방식으로 관리해야 조직이 살아 숨 쉬는지 등 '사람의 말과 행동'에 관해 담았다. 2장은 고객과의 대면을 피할 수 없는 오프라인 비즈니스에서 사람 대 사람이 대면하는 방법과 고객이 나를 만나는 순간 좋아하게 만드는 방법 등 '사람의 감정' 이야기로 구성했다.

3장은 1장과 2장의 가이드에 따라 개선된 직원들에게 어떻게 동기를 주면 조직 안에서 더욱 즐겁게 일할 수 있는지 조직의 동기부여에 관한 것들을 담았다. 4장은 1, 2, 3장을 통해 단단해진 직원들을 위해 고객들은 어떤 심리로 현장에서 돈을 소비하는지 등 소비자의 관점을 이론과 사례를 들어 정리했다. 마지막으로 5장은 결국 대면이 중심인 오프라인 비즈니스의 핵심인 '사람들과의 관계 맺기'에 대한 물음들을 다뤘다.

코로나19 이후 오프라인 비즈니스를 하는 모든 사람이 '우리는 어떻게 온라인으로 전환해야 하나?'를 고민한다. 하지만 다시 한번 생각해보자. 우리는 언제 온라인으로 구매하는가?

애초부터 온라인으로 출발한 제품이나 서비스를 제외해보면 우리는 오프라인에서의 경험이 무척 좋거나 기억에 남는 브랜드의 제품과 서비스를 온라인에서도 다시 찾게 된다. 오프라인 비즈니스의 본질은 고객이 직원과 마주한 그 순간부터 기쁘고 안심되고 행복해야만 한다. 코로나19와 같은 비대면 상황이 길어질수록 고객이 오프라인을 경험하는 횟수와 시간은 점점 짧아지고 오프라인을 재방문하는 주기는 더 길어진다.

그러므로 나와 내가 속한 비즈니스 현장을 과거보다 짧게 경험하게 되는 고객을 위해 만나는 즉시 가슴을 울리고 따뜻함이 전해지는 조직이 되어야 하며, 고객이 돈을 소비했을 때 보람과 가치가 느껴지는 현장을 만들어야 한다. 고객은 비대면이 강화될수록 짧은 대면 시간 동안 확실하게 만족하고 행복한 경험을 할 수 있기를 바라기 때문이다.

나는 오프라인 현장의 고충을 그 누구보다 잘 알기에 힘을 얻고 싶은 리더들이 꼭 알아야 할 경영의 요소들을 현장에서 같이 뛰는 마음으로, 나의 만 20년간의 경험과 매일의 작은 공부들의 결과물을 이 책에 온 마음을 다해 담았다.

지금까지 의지는 있었지만 경영의 소소한 방법을 몰랐거나 비즈니스 이론과 현장을 연결하는 방법, 아이디어를 찾고 있는 오프라인 비즈니스맨들이 대면 관계에서의 유연함, 고객들과의 연결감을 찾아나가며 더 좋은 해답을 모색해나갈 힘과 용기가 생기길 바란다.

나의 사명은 '뷰티 비즈니스로 인간 세상을 이롭게 한다'이다. 힘든 유년 시절을 거치며 어엿한 어른으로 성장하고 사회를 경험하면서 깨달은 것은 사람은 '더불어 살아가야 한다는 것'이다.

서로 위로해주고 아끼고 다독여주며 함께 살아가는 것이 그 어떤 삶보다 의미 있다는 것을 나는 삶 속에서 깨달았다. 인생 선배들이 그러해왔듯 지금 이 순간에도 삶의 현장 곳곳에서 티나지 않게 재능을 기부하는 미용인들에게 미약하나마 나의 작은 힘을 보태고 싶다.

그리고 자라나는 우리들의 2세가 가치 있고 의미 있는 일을 하며 행복을 누릴 수 있도록 내가 가장 잘하는 뷰티로 이들을 도와주며 세상을 이롭게 하는 데 일익을 담당하고 싶다. 이 책 인세 전액 또한 인생의 시작과 끝점에 있는 아이와 노인들을 위해 사용하고자 한다.

마지막으로 세상에 이로운 영향력을 전파하기 위해 어렵게 태어난 나의 하나뿐인 아들 이로운 천사와 집필에 집중하는 동안 육아를 적극적으로 도와준 사랑하는 남편과 시댁 가족들 그리고 집필 중에 하늘나라로 간 나의 사랑하는 오빠와 아빠에게 사랑의 마음을 전하고 싶다. 가족이 떠나 아픈 마음을 나에 대한 사랑으로 하루하루 잘 잡아주고 계신 하나뿐인 엄마에게 무사히 집필을 마칠 수 있게 지켜봐주어 감사하다는 말도 진심으로 전하고 싶다.

"사랑해요 엄마!"

김현정

차 례

2장

감정 다루기

좋은 의도를 담아라

3장

동기 다루기

변화의 계기를 만들어라

4장

고객 다루기

마케팅으로 승부하라

5장

리더 다루기

나부터 성찰하고 소통하라

1장

행동 다루기

말과 행동을 점화하라

01 마음속 근육을 단단하게 만들자

오랜만에 본 그의 얼굴이 어두웠다

나는 오랫동안 다녔던 헤어숍을 퇴사한 후 누군가를 만나는 것이 조심스러웠다. '발 없는 말이 천 리를 간다'라는 속담처럼 별 이유 없는 대화나 만남이 혹시라도 본의 아닌 소문으로 이어져 내 마음을 복잡하게 만들까 걱정됐다. 그래서 누군가에게 연락이 와도 답장하지 않고 몇 달을 보내고 있었다. 그렇게 지낸 지 거의 10개월이 다 되어갈 무렵인 2020년 가을, 내가 일했던 헤어숍의 한 직원으로부터 연락이 왔다.

그는 나의 퇴사 후 마음이 많이 힘들다는 사인을 보내며 만나자는 제안을 해왔다. 그의 제안을 거절하던 중 '아……. 이러다 이 사람 죽겠다'라는 상대의 감정을 느껴 어렵게 그와의 약속을 잡았다. 내가 뭐라고 남 눈치 보면서 나 한번 보고자 하는 사람을 안 만나

주나 싶은 미안한 마음으로 어렵게 그를 만났다.

한 시간 동안 그는 그간 힘들었던 일과 업무를 하면서 느낀 고충을 털어놓았다. 나는 그가 털어놓은 말 속에서 미래에 대한 불신과 분노 그리고 자신의 미래 비전에 대해 매우 부정적으로 느끼고 있음을 알 수 있었다. 그의 말을 듣고 여러 이야기를 나눈 끝에 나는 제안을 하나 했다.

"○○님, 이 앞에 보이는 그릇을 ○○님 마음이라고 한번 생각해볼까요? 이 그릇 안에 무엇이 가득한 것 같아요?"

"인정하고 싶진 않지만 누군가를 아주 꼴 보기 싫어하고 지금 놓인 현실에 답답해하고 막막해하는 저요. 제가 있습니다."

"이 그릇이 쓰레기로 가득 차 있으면 맛있고 좋은 음식을 채울 수 있을까요?"

"아니요."

"그럼 어떻게 해야 ○○님이 좋아하는 맛있고 좋은 음식으로 그릇을 채울 수 있을까요?"

"안에 있는 쓰레기를 덜어내어야 하겠지요."

"예, 딱 그렇게만 하면 됩니다. 그렇지만 머리로는 알아도 실천하기가 쉽지 않지요. 그럴 때 제가 쓰는 방법이 하나 있습니다. 필사하기!"

나는 이 말과 함께 조성희 저자의 《뜨겁게 나를 응원한다》(생각지도, 2016)를 추천했다. 이 직원의 마음속에 삶에 대한 긍정과 지친 일상을 무엇보다 일으켜주고 싶었기 때문이다.

가슴 뜨겁게, '나'를 응원한 결과

'하루 10분의 필사, 100일 후의 기적'이라는 부제가 붙은 이 책은 우리에게 놀랍고 멋진 삶은 바로 나 자신이 만들어야 한다고 말해준다. 내가 이 책을 그에게 권한 이유는 결심만 하고 그 결심을 뒷받침해줄 행동이 따라오지 않으면 현실이 바뀌지 않는다는 것을 누구보다 잘 알기 때문이다.

긍정의 마음을 우리 안에 지피는 것은 살면서 매우 중요한 일이다. 그리고 긍정의 마음은 즉각적인 '행동'으로만 지펴질 수 있다.

나는 그에게 즉각적인 행동을 통해 긍정의 마음을 되찾아보라고 권유했고, 그는 그 첫 번째 행동으로 하루 다섯 가지 감사의 일을 꼽아 내게 편지를 보내왔다. 내가 권한 필사도 스스로 하기 시작했다. 결과는 어땠을까? 거짓말처럼 슬픈 표정으로 나와 이야기를 나눴던 사람이 맞나 싶을 정도로 불과 며칠 만에 해맑게 밝아졌다. 이후 누가 시키지 않아도 꼬박꼬박 감사의 편지를 지금까지 매일 저녁 비슷한 시간에 장문으로 보내고 있다. 그는 결심한 마음을 행동으로 옮기면서 원하는 결과를 이루어가고 있는 것이다.

행동과 마음은 동전의 양면과 같다

사람들은 성인이 되면서 무수히 많은 결심을 한다. 이러한 결심을 우리는 목표라 부르고 이 목표는 작은 것에서부터 큰 것까지, 개인적인 것에서부터 비즈니스적인 것까지 다양하다. 하지만 목표를 이루는 확률은 비교적 낮고 작심삼일로 끝나버리는 경우가 많다. 이유는 다음의 두 가지를 실천하지 않기 때문이다.

- 생각의 전환 : '하겠다, 할 수 있다'라는 믿음을 넘어선 확신과 결심
- 행동의 변화 : 이 결심을 이루기 위한 체계적이고 지속된 행동

그렇다면 이 둘 중 무엇이 더 중요할까? 마음의 심리를 들여다보고 이를 통해 사람의 행동과 성격을 해석하는 '마인드 전문가'들은 일단 결심이 더 직접적이라고 말하는 반면 심리학자들은 결심을 행동으로 옮기는 것이 더 중요하다고 말하기도 한다.

오프라인 현장에서 오랜 시간 직원들과 동고동락을 경험한 나는 마인드와 행동이 따로 떨어져 있는 것이 아니라 붙어있다고 생각한다. 결심만 하고 끌어당김의 법칙(론다 번의 《시크릿》에 나온 생각한 것이 현실로 이뤄진다는 법칙)을 이용하겠노라고 온 우주를 향해 평생 손짓해봐도 씨앗을 뿌리지 않으면 우주는 말이 없고, 아무리 행동을 한다 해도 그 행동이 목표와 이어져 있지 않으면 남의 다리 긁는 것과 다름없기 때문이다.

결과를 가져오는 행동에 불을 붙이자

좋은 의도를 품은 강한 결심 뒤에는 반드시 행동이 필요하다. 잘 세운 계획도 구체적인 행동이 따라오지 않으면 아무런 의미가

없다. 우리는 결심한 대로 사는 것이 아니라 행동한 대로 살기 때문이다. 좋은 결과를 기대하면서 지금의 내 행동에 뜨거운 불을 탁 하고 붙이는 것을 심리학에서는 '행동 점화 효과(Behavior Priming Effeet : 스스로 인식하지 못한 상태에서 먼저 경험했던 어떠한 것이 다음에 할 행동에 영향을 끼치는 것)'라고 한다. 청소가 정말 하기 싫었지만 막상 하면 깨끗하게 잘하고 있는 나를 발견하는 것, 오래 자면 잠이 느는 것, 많이 먹으면 살이 찌는 것, 운동을 꾸준히 하면 몸짱이 되는 것, 마음속에 부정적 감정이 들어오기 전에 필사와 같은 긍정적인 행동을 해버리는 것. 이처럼 나의 결심 후 '작은 행동의 반복'이 원하는 결과로 이어지는 길이다.

매일 하는 것이 나를 만든다

1년 전, 지인을 통해 알게 된 《다꿈 플래너》(RHK, 2019)와 《나는 오늘도 경제적 자유를 꿈꾼다》(RHK, 2018)의 저자 청울림 선생님은 '다시 꿈을 꾸는 어른들의 학교, 다꿈 스쿨'을 만들었다. 선생님은 많은 어른이 '스스로 노력해서 훌륭해지는 삶'을 경험할 수 있도록 페이스메이커가 되기 위해 노력 중이다. 내가 미용인들에게 전파하고 싶은 에너지를 다른 영역에서 몸소 보여주고 계시는 분이다.

이분의 삶의 모토는 '매일 하는 것이 나를 만든다'이다. 이 말에 적극 공감한다. 작은 행동을 매일 반복하는 것이 당연히 결과를 좋게 만들기 때문이다. 하지만 이것이 좋다는 것은 누구나 알고 있지만 현실에서는 '자신과의 타협'으로 반복적인 행동이 잘 이루어지지 못한다. 나는 매일 반드시 실천하려고 하는 것이 두 가지가 있다. 첫 번째는 '마음 근육의 힘'을 키우는 것이고, 두 번째는 '실행의 힘'을 키우는 것이다.

- 마음 근육의 힘 : 실패를 두려워하지 않고 다시 일어날 수 있도록 마음에 단단한 근육을 만드는 것
- 실행의 힘 : 목표에 도전하는 실질적인 행동을 반복하는 것

마음 근육의 힘, '백지 프린팅'

사람에게는 의식과 잠재의식이 존재한다. 의식은 깨어 있는 상태에서 판단하는 영역이고 잠재의식은 무의식, 전의식처럼 의식하지 못하는 곳에 잠재된 영역이다. 내 생활의 어떤 부분을 바꾸고 싶다면 제일 먼저 생각이 바뀌어야 한다. 이 생각 바꾸기가 의식이 하는 부분이다. 다시 말해 '아! 이대로는 안 되겠는걸?' 하고 자각하는 것이 의식에 해당한다.

경영에서도 리더나 직원 모두 의식이 깨어 있어야 한다. 내가 이 일을 왜 하는지, 이 일을 통해 무엇을 이루려 하는 것인지, 이 일은 이타적인지, 내가 달성하고자 하는 목표는 무엇인지, 지금 나의 상황과 목표는 얼마나 차이가 있는지, 무엇부터 하면 되는지, 시작하려면 무엇이 필요한지, 누구의 도움을 받아야 하는지 등 자

세히 생각해봐야 한다.

생각하고 생각의 끝을 따라가 보는 것이 의식에 많은 도움을 준다는 것이 뇌 전문가들의 조언이기도 하다. 나 같은 경우 새로운 도전 과제가 생기거나 헤어숍 행사나 프로모션 등에 관한 생각 정리가 필요할 때 '백지 프린팅'이라는 것을 한다.

백지 프린팅이란 '생각을 글로 찍어낸다'는 뜻으로 내 마음대로 만든 단어다. 하얀 A4용지를 여러 장 준비해서 해야 할 일들을 형식 없이 써 내려가는 것이다. 그런 다음 다시 내용을 조합한다(디지털이 발달했어도 종이에 연필이나 펜으로 흩어진 생각을 쓰는 것을 추천한다).

평소에도 늘 적는 것을 좋아하는 나는 고요한 새벽에 백지 프린팅을 주로 하는데 써놓고 보면 나의 현시점은 어딘지, 무엇이 부족한지, 무엇을 더 보충해야 하는지 한눈에 알아볼 수 있다. 요즘은 이 백지 프린팅을 좀 더 체계적으로 하기 위해 마인드맵(자신의 생각을 지도 그리듯 이미지화하는 두뇌 개발 기법)과 만다라트(활짝 핀 연꽃 모양으로 아이디어를 다양하게 발상해나가는 데 도움을 주는 사고 기법)를 공부 중이다.

이런 의식의 생각은 부정적인 잡생각을 멈추게 하고 생산적인 목표를 가질 수 있게 도와준다. 필사도 이런 의미에서 잡스러운 생각을 멈추게 하는 데 도움이 된다. 쓰는 것은 의식을 통해 시작하는 행동이지만 나의 잠재의식에도 영향을 미친다. 많은 사람이 머릿속으로 오만 가지 생각을 하면서 살지만 그 생각들을 적어보는 사람은 굉장히 적다. '적자 생존(메모하는 사람만이 살아남는다)'이라는 말이 나올 만큼 말이다.

실행의 힘을 키운다는 것

목표를 실행하는 과정에서 제일 중요한 것은 누군가와 목표를 공유하고, 목표를 이루기 위한 방법을 쪼개고, 쪼갠 목표를 다시 공유하고, 그 쪼갠 목표를 실천하고 있다는 것을 어떤 수단과 방법을 동원해서라도 반드시 인증하는 것이다. 개인의 의지만으로는 더군다나 혼자서 오랜 기간 목표 달성까지 가기가 힘들기 때문이다. 그리고 시행착오 과정을 함께해주는 동료와 선후배들에게 항상 감사하는 것도 도움이 된다.

나는 2017년 〈KBS스페셜–축적의 시간〉이라는 프로그램을 통해 서울대학교 산업공학과 이정동 교수의 강의를 본 후부터 새벽 기상을 실천해오고 있는데, 몇 년 동안 여러 차례 새벽 기상에 실패했었다. 하지만 이후 조성희, 청울림, 이영민 멘토들을 만나며 2020년부터 지금까지 비교적 안정적으로 새벽 기상을 하고 있다. 그 덕분에 육아와 일 이외에 자기 계발 시간이 확보되었다.

내가 하고 싶은 말은 원하는 목표가 있으면 함께 나눌수록 실천 가능성이 크다는 것이다. 여러분도 이 점을 활용해 누군가와 함께 목표를 이루길 바란다.

술을 마시면 술이 늘고 잠을 자면 잠이 는다. 스트레스를 받으면 누군가는 운동을 하고 누군가는 술을 마신다. 이처럼 앞선 행동은 다음 행동에 반드시 영향을 미친다.

직원들을 성장시킬 리더가 되기 위해 또는 나의 성공적인 삶을 위해 무엇에 불을 붙일 것인가? 생각도, 생각을 실행하는 것도 모두 앞서 한 행동이 앞으로 펼쳐질 미래에 직접적인 영향을 미친다는 것을 알아차리자. 그리고 미래와 나의 비즈니스를 위해 마음 근육의 힘과 실행의 힘에 불을 붙이자. 우리는 원하는 목표와 안정된 경영을 하기 위해 과연 어떤 생각과 행동을 할 것인가? 그리고 그 작은 점들을 모아 어떤 선과 면을 만들 것인가?

0 2 ────

감사하는 마음에 의도적으로 불을 붙여라

어떻게 하면 죽을 수 있을까?

"지금 당신의 스트레스 수치는 최대입니다. 검사 결과 뇌 전체가 다 붉은색이네요! 우울증이 심각합니다."

2015년 겨울, 정신과 의사에게 들은 말이다. 눈을 동그랗게 뜨고 의아해하며 나를 쳐다보던 의사 선생님이 아직도 생생하게 기억난다. 나는 그 시절 화가 나면 주먹으로 상대의 얼굴을 팍! 치고 싶을 정도로 순간순간 분노가 올라왔고 누구와도 대면하고 싶지 않았다. 작은 구멍이 있다면 그 구멍 안에서 쥐도 새도 모르게 조용히 사라지고 싶었다. 생각해보면 의사의 진단은 내게 당연한 결과였다.

고객 앞에서는 웃고 돌아서면 우는 나를 아무도 이해하지 못했다. 병원에서 검사를 받는 동안 담당 의사만이 유일하게 나를 위로

해주고 있다는 느낌을 받았다. 의사의 말을 듣는 내내 복받친 서러움에 소리 없는 눈물만 주르륵주르륵 흘러내렸다. 리더의 자질이 부족했던 지난 수년간의 실패를 이겨내고 겨우 경영이 안정화되고 있었고, 그 결과로 목동 2호점 오픈을 목전에 둔 상황이었지만 내 마음만큼은 눈이 떠 있고 숨을 쉬고 있어도 진정 살아있는 것이 아니었다.

그 당시 나는 무리를 지어 나를 뒷담화하는 직원들을 원망하고 뱀파이어처럼 나의 에너지를 빨아먹는 직원들을 미워했으며 나를 비난한 직장 상사와 선배를 마음에서 용서하지 않고 있었다. 그 결과 경영을 하는 내내 극도의 예민함으로 하루 한두 시간 겨우 눈을 붙이는 불면증에 시달렸다. 자는 내내 재정적인 문제에 시달리는 악몽을 꿔 수면제 도움도 받아야 했다. 결국 그동안 참아왔던 고통이 한 번에 터져버렸다.

좋은 확언은 독이다

내가 몸담았던 프랜차이즈 회사에서는 '나는 내가 좋다!'라는 문구를 확언으로 외치는 리추얼(Ritual: 조직의 긍정적 문화)이 있었다. 의미적으로는 아주 좋은 문화였지만 그럼에도 불구하고 가끔 하고 싶지 않다고 하는 직원도 있었다. 안타깝게도 모든 직원에게 이 문구가 편하지만은 않았던 것이다. 하지만 나는 그때마다 그래도 매일 반복하면 좋아질 거라며 설득했고 직원의 불편한 마음을 속시

원하게 도와주지 못했다. 나 또한 나의 현실적인 상황에 맞춰 이 문구가 좋게 다가올 때도, 불편하게 다가올 때도 있었다. 나는 내가 불편했던 원인을 프레데리케 파브리티우스와 한스 하게만의 저서 《뇌를 읽다》(빈티지하우스, 2018)를 통해 우연히 알게 되었다.

인간의 뇌는 의식과 무의식의 영역이 있는데 의식적으로 "나는 내가 정말 좋다! 나는 할 수 있다!"고 자기 확언을 아무리 외쳐도 나의 내면 깊은 곳, 무의식에서 그렇지 않다고 느낀다면 뇌의 의식과 무의식의 영역 사이에 차이가 생기고 이 차이로 인해 조화를 이루지 못하게 된다는 것이다. 과학적으로 이것을 '인지부조화'라고 부르며 이 인지부조화의 차이가 크면 클수록 우리의 몸은 지치고 스트레스를 받게 되고 심해지면 병을 얻게 된다. 아무리 자기 확언을 해도 일상이 달라지지 않는 이유가 여기에 있었다.

예를 들어 탄탄하고 균형 잡힌 근육을 가진 사람은 외형적으로 무척 건강해 보이는데, 마르거나 비만인 사람도 운동을 통해 이러한 탄탄한 몸을 얻을 수 있다. 운동이란 노력으로 신체의 근육을 만들 듯이 내면의 마음 근육도 노력을 통해 쌓아주면 인지부조화의 차이가 줄어들고 마음의 근육이 생겨 행복감을 느낀다. 다시 말해 인지부조화의 차이를 좁혀주기만 한다면 의식적으로 외치는 좋은 확언들이 무의식 속에서도 기분 좋게 자기 이야기처럼 받아들여진다는 뜻이다. 나는 이 부분이 무척 흥미로웠고 흥분됐다.

《뇌를 읽다》에서는 이 인지부조화의 차이를 좁혀주는 방법 중 하나가 '감사'고 감사 일기 등 여러 방법의 '쓰기'로 감사를 기록하면 마음 근육이 생긴다는 것이다. 나는 이후에도 여러 서적을 통해 감사가 뇌에 미치는 영향을 알게 되었고 '경영과 감사'를 반드시 접목해야 하는 명확한 이유를 깨닫게 되었다.

나의 변화는 필수였다

이후 우울증 진단을 받았던 나는 나를 위해 경영과 감사를 접목시키는 방법에 대해 찾기 시작했고, '유한한 인생, 나를 위해 살기!'로 결심했다. 인간관계도 장기전이고 사람의 마음을 얻어야 하는 경영도 장기전이다. 그러므로 몇 년 동안 실패하며 지치고 닳아버린 에너지를 그 누구도 아닌 나를 위해 끌어올려야 했다. 그래야 내 가정도 챙기고 나의 회사도 직원도 챙길 수 있었다.

나의 변화는 선택이 아니라 필수였다. 제일 먼저 하기 시작한 일은 운동이었다. 의사의 처방에 따라 복용 중인 약을 줄이고 스트레스 수치를 낮추기 위해 반드시 운동을 해야만 했다. 몇 개월간 아파트 단지 내를 걷고 뛰며 조금씩 꾸준히 체력을 길렀다.

체력이 점점 좋아지고 두 번째로 내가 결심한 일은, 매년 5월 8일 어버이날을 맞으면 직원들의 부모님들께 감사 편지를 직접 써서 적어 보내드리는 것이었다. 고마운 직원들에게 기억에 남는 선물을 해주고 싶었고, 출산을 통해 한 아이의 부모가 되면서 '부모의 심정'을 진정 알게 되었기 때문이다. 직원들에게 써본 적은 있어도 직원의 부모님께 편지를 써본 적은 없었기에 얼굴도 뵌 적 없는 분들께 감사 편지를 쓴다는 것이 처음에는 쑥스러웠다.

또 적게는 50통 많게는 60통에 육박하는 양을 매년 쓴다는 것이 조금은 부담으로 다가왔고 서운하게 하는 직원들의 감사 거리를 찾는다는 것이 사실 불편했다. 더군다나 그 직원들의 부모님이라니! 그들의 부모님만 빼고 적을 수도 없는 노릇이고 진퇴양난이었다.

"원장님~ 댁에 무슨 일 있으세요?"

하지만 나도 나의 자식이 소중하듯 내가 불편한 직원들도 누군가의 귀한 자식이다. 그렇게 생각하니 나와 회사를 믿고 귀한 자식을 보낸 부모님들께 무척 감사한 마음이 들었다. '성공해보겠다고 고향을 떠나 객지 생활을 하는 자식이 얼마나 걱정될까!' 서운한 감정이 앞선 내가 속 좁고 철이 없다고 느껴졌다. 그제야 부족한 나를 믿어주고 있는 직원과 그의 가족들에게 깊은 감사와 죄송한 마음이 들었다. 나는 회개하는 마음으로 펜을 들었다.

또한 편지를 쓰려면 직원들의 특징을 메모해야 했고 한 명, 한 명 더 유심히 바라보아야 했다. 2주 동안 업무가 끝나면 새벽까지 직원의 부모님들께 감사 편지를 적었다. 한 사람씩 대상을 떠올릴 때마다 그와 함께한 추억이 주마등처럼 스쳐 지나가고 지나간 시간이 무척 아쉽거나 미안한 마음이 크게 드는 직원도 있었다. 한 자씩 적어 내려가며 혼자 울다 웃다, 감사함과 미안함 그리고 말로는 표현하기 힘든 여러 감정과 울컥함에 소나기 같은 눈물이 쏟아져내렸다.

살면서 한 번도 경험해보지 못했던 '기분 좋은 행복감'이었다. 2주 내내 퉁퉁 부은 눈으로 출근했고 눈이 너무 따가워 인공눈물을 넣으며 일을 했다. 영문을 알 수 없는 직원들은 나에게 "댁에 무슨 일 있으세요?"라며 걱정했지만 감동을 주고 싶은 마음에 너희들의 부모님께 편지를 쓰면서 우느라 눈이 따갑다고 차마 말할 수 없었다. 정말 입이 근질근질했다.

감사의 최대 수혜자는 나

그런데 이상한 현상이 내 몸에서 일어났다. 운동으로 체력을 끌어올리고는 있었지만 아직 체력적으로도 정신적으로도 컨디션을 전부 되찾지 못하고 있는 상태였음에도 한참을 울고 웃고 난 후 잠이 들면 매일 꾸던 악몽을 더 이상 꾸지 않았다. 단 몇 시간을 자더라도 아주 깊은 잠을 잤다. 어릴 적부터 예민한 성격에 숙면하지 못했던 나로서는 정말 신기한 경험이 아닐 수 없었다.

우리의 뇌는 감사함을 느낄 때와 화내고 원망할 때 활성화되는 영역이 다르다고 한다. 화를 내면 교감신경계가 자극이 되고 아드레날린과 같은 신경전달물질을 분비하고 이것이 다시 부신(내분비샘)을 자극해 스트레스 호르몬인 코르티솔을 만들어낸다. 이로 인해 혈액이 근육 쪽으로 몰리면서 혈압과 혈당이 올라가고 심장박동이 빠르게 된다.

반면 감사함을 느끼게 되면 측두엽 중 사회적 관계 형성에 대한 부분과 즐거움과 관련된 쾌락 중추가 작용해서 도파민, 세로토닌, 엔돌핀 등 행복 호르몬을 분비하도록 도움을 준다고 한다.

나는 감사함의 편지를 쓰면서 행복 호르몬들의 활동이 활발해졌고 많이 우느라 눈은 따가웠지만 '행복한 감정'을 느끼게 되면서 짧은 시간에도 깊은 잠을 잘 수 있었던 것이다. 나는 이 엄청난 경험을 기점으로 그동안 띄엄띄엄 먹고 있었던 우울증 약을 완벽히 끊을 수 있었다. 직원들을 위한 이벤트로 시작하게 된 감사의 편지가 나의 우울증을 치유했다. 나는 새로운 경영 방식의 시작을 경험하고 있었던 것이다.

"얘들아~~ 제발 좀 나가라!"

모두가 그런 것은 아니지만 성과가 좋은 디자이너들은 한 번씩 초심을 잃을 때가 있다. 팀워크가 아주 중요한 뷰티 현장에서 고성과를 낸 것이 개인의 능력이 탁월해서 나온 것처럼 거만해진다. 어떤 뷰티 숍이든 이렇게 초심을 잃는 디자이너들로 인해 적지 않은 고민이 생긴다. 긍정 에너지는 전파되기에 다소 시간이 걸리지만 부정 에너지는 애쓰지 않아도 금방 조직에 물들기 때문이다.

나 또한 2호점을 오픈하고 조직은 커졌지만 이런 디자이너들로 어려움을 겪었던 적이 있다. 이때 내가 경험한 감사라는 히든카드를 상기시켰다. 어버이날을 기념으로 시작한 부모님께 드리는 나의 감사 편지는 한 줄을 쓰든 두 줄을 쓰든 매년 챙겼고 한 걸음 더 나아가 전 직원들도 부모님께 드리는 감사 편지를 매년 직접 쓰며 우리 숍의 문화로 자리 잡기 시작했다.

계속해서 감사 편지, 감사 액자, 감사패 등 정성스럽게 표현한 감사의 인사를 잘 키워준 부모님께 자식의 이름으로 매년 챙겨드렸고, 양쪽 부모가 없는 직원은 그의 조부모님 또는 형제를 챙겨드렸다. 자식들의 편지에 감동받은 가족들은 고마움의 표현으로 전 직원들이 먹고도 남을 만큼의 밑반찬들을 차고 넘치도록 보내주셨다. 담당 택배 기사님이 '무슨 택배가 이렇게 많이 오냐'고 할 만큼 말이다.

이게 끝이 아니었다. 반대로 종무식 때는 한 해 동안 현장에서 애쓴 자식을 칭찬하고 다음 해를 응원하는 메시지가 담긴 부모와 가족들의 손편지를 직원들 품에 안겨주었다. 가장 가까웠지만 살아가며 한 번도 받아본 적 없는 '부모와 가족에게 받은 감사 편지'에 직원들은 남자 여자 할 것 없이 편지 첫 줄부터 울음을 터트렸다. 사실 이 모든 것을 기획하고 진행하기가 쉽지만은 않았지만, 직원들의 눈물을 보는 순간, 내가 여태껏 해온 경영 방식 중 가장 큰 의미와 뿌듯함, 보람을 느낄 수 있었다.

이후 긍정 에너지의 선순환을 맞은 우리 숍은 '얘들아~~ 제발 좀 나가라!(장난이었지만)'고 해도 직원이 안 나가는 회사, 직원이 퇴사를 결심하고 부모님께 퇴사했다고 말하는 순간 꾸지람을 듣는 회사가 되어버렸다. 정말이지 매일 행복했다. 이런 선순환 에너지

속에서 이직률은 '최저'였고 고객 수와 매출은 '덤'이었다.

몰랐던 감사의 또 다른 이름

"세상에서 가장 현명한 사람은 항상 배우는 사람이요, 세상에서 가장 강한 사람은 자기를 이기는 사람이며, 세상에서 가장 행복한 사람은 모든 것에 감사하는 사람이다."

유대교의 경전이자 갖가지 삶의 지혜들로 가득한 《탈무드》의 격언이다. 나에게 일어난 모든 일에 감사함을 찾기란 말처럼 쉽지 않다. 서비스 & 보건업에 속하는 미용업은 온종일 상대의 감정에 에너지를 쏟는 일이기 때문에 일을 마치고 나면 소위 '기가 다 빨렸다'는 말이 나올 정도로 에너지 소비가 많다. 그러다 보니 예술과 감정 소모를 동시에 하는 미용인들은 동료들 사이에서도 갈등을 느끼거나 예민한 부분들이 굉장히 많이 생긴다. 내부 직원들끼리 불협화음이 끊이지 않은 적도 있었다.

하지만 감사 편지를 시작으로 하루 5감사 릴레이, 감사 일기 등 우리만의 감사 리추얼 덕분에 반복되는 일상이 '힘들고 당연한 것'이 아닌 '소중하고 귀한 것'으로 시각과 태도가 바뀌어갔다. 또한 환경이나 급여가 바뀌지 않았는데도 형식적으로 고객을 대하는 것이 아닌 사람 대 사람으로 따뜻하게 대하는 것이 옳은 것임을 알아갔다.

이처럼 경영자라면 조직이 크든 작든 서로 다른 환경에서 모인 직원들을 함께 옳은 방향으로 데리고 가야 한다. 그리고 되도록 오랜 세월 함께 하더라도 직원들이 일하는 것이 즐겁고 의미 있을 수 있게 데리고 가야 한다.

함께 멀리 갈 수 있는 방법은 매출 이전에 그들의 마음에 뿌리 깊이 '감사'를 알게 하는 것이다. 감사가 서비스 현장의 수많은 접점에서 행동으로 옮겨질 때 경영자, 고객, 직원 모두가 같은 공간 안에서 진짜 '기분 좋은 행복'을 맛볼 수 있게 된다. 앞선 감사는 또 다른 감사를 부른다. 감사도 연습이다. 직원들의 행동에 의도적으로라도 감사의 불을 붙여라. 감사는 또 다른 이름의 행복이며 경영의 자유다.

03 ——— 단 2초 만에 마음을 붙잡는 방법

인형이 하는 인사

나는 1998년 전문대 피부미용과를 다니면서 아주 잠깐 종합병원 안내 도우미 아르바이트를 했다. 24년 전 첫 출근에서 배운 것은 바로 인사였다. 제복을 입고 두 손을 아랫배 위에 포개어 가지런히 모으고 발뒤꿈치를 딱 붙인 상태에서 90도 각도로 양발을 벌린 다음 허리를 꼿꼿이 세우고 "안녕하! 십니까! 어서오! 십시오! 무엇을! 도와드릴까요?!" 이렇게 온종일 인형처럼 인사를 했다.

지금도 간혹 ARS 직원들 중 이런 식으로 딱딱하고 부자연스럽게 첫인사부터 응대까지 하는 사람들이 있곤 한데 응대받는 상대는 굉장히 부담스럽다. 랜선 넘어도 부담스러운데 나는 실제 대면에서 인형처럼 인사를 하고 말을 건네고 있었으니 나에게 응대를 받으셨던 분들은 얼마나 불편하셨을까? 22년 전 헤어숍에 스태프로 출근을 했을 때에도 상황은 비슷했다.

우리는 일하면서 '인사'를 잘해야 한다는 이야기를 귀에 딱지가 생기도록 많이 듣는다. 딱지가 생길 만큼 수도 없이 많은 강조를 한다는 것은 비대면 직업을 제외한 인간관계와 모든 비즈니스의 첫 시작이기 때문이다. 비대면 온라인 사업도 사업자의 진정성 있는 '한 문장의 인사'로 인해 재구매가 이어지기도 하니 인사란 것이 얼마나 중요한 것인지 생활 곳곳에서 알 수 있다. 그렇다면 인사란 도대체 무엇이고 어떻게 하면 나의 비즈니스에도 효과가 있을까?

마음이 빠르게 닫혀버린 이유

모든 비즈니스는 온라인이든 오프라인이든 사람이 하는 일이고, 사람은 일하지 않고는 살아갈 수도 없다. 그렇기 때문에 일과 사람은 모든 것에 연결되어 있고 그 연결의 시작은 서로 간의 '관계'에 물꼬를 트는 '인사'에서 시작된다. 그렇다면 어떻게 인사를 해야 나의 비즈니스에 효과가 있을까?

한 번은 거리를 걷다가 보세 옷가게에 들어갔다. 그 가게 문에는 종이 하나 달려 있었고 문을 열자 '땡땡~' 하고 종이 울렸다. 상체가 다 보이는 낮은 카운터에 앉아 있던 직원이 시선은 손에 있는 핸드폰에 향한 채로, 상냥하기는커녕 안 좋은 일이 있으니 건드리지 말라는 뉘앙스로 일어나지도 않고 "어서 오세요~ 찾으시는 것 있으세요?"라며 입을 열었다.

나는 어이가 없었다. '아니, 저렇게 인사할 거면 가게 문을 왜 열었어? 찾긴 뭘 찾겠어~ 옷 찾겠지!' 나는 화가 날 것 같아 그냥 그 가게를 나와버렸다. 그 가게를 나가겠다는 판단까지 정확히 2초도 걸리지 않았다. 물론 살다 보면 급한 일이 있을 수도 있고 개인 사정이 있을 수도 있다. 그 가게와 회사에 좋은 이미지가 이미 있는 단골이라면 한두 번 기회를 더 주겠지만 첫 방문인 고객이 그 가게의 최초 정보나 이미지를 위와 같이 받는다면 재방문이란 어림도 없을 것이다.

내 기분이 좋아야 그다음 일이 풀린다

기분이 나쁜 것도 잠시, 나는 나와 우리 직원들이 생각났다. 고객이 오시기 전까지 데스크나 헤어숍 한구석에서 핸드폰을 보는 사람, 매니저가 불러야 겨우 나오는 사람, 고객 응대 중에 카톡을 확인하는 사람, 인사를 무성의하게 하는 사람 등 옷가게의 직원을 뭐라 하기엔 우리도 잘못하고 있는 것이 너무 많았다.

회사의 매출이 올라간다는 것은 이용하는 고객이 늘어나고 고객이 지불하는 비용이 늘어난다는 뜻이다. 우리 헤어숍은 두 헤어숍 각각 적게는 평균 1억 원, 많게는 4억 원의 매출을 냈는데, 매출이 적을 때와 많을 때의 경영 방법이 완전히 달랐다.

영업이 저조할 때는 기술교육에 집중되어 있었고 이후 대학원을 다니면서 나의 스승인 김현정 교수님께 사람에 대해 배워가면서 사람을 중심에 두고 인성과 소통과 미용 기술을 함께 경영에 접목해나갈 때는 매출이 눈에 띄게 좋아졌다.

준오헤어의 미션과 비전 외에도 우리 숍의 여러 원칙을 이때부터 새롭게 재정립하고 실행하며 그 가치를 확인해나갔다. 그 기본 원칙 중 첫 번째가 바로 '우리 목동점은 인사를 잘합니다!'다. 인사는 사람이 하는 일의 기본 시작이며 '비즈니스의 시작'이기 때문이다.

하지만 직원들에게 '똑바로 인사해라', '인사 좀 잘해라', '기쁘게 인사 좀 해라~!'라고 하면 직원들이 말처럼 잘할까? 절대 그렇지 않다. 나의 경험으로는 고객들에게 즐겁게 인사를 하려면 직원들 스스로 정말 즐거워야 한다. 수준 높은 서비스와 기분 좋은 응대를 직원들에게 바란다면 진짜로 직원들의 기분이 좋아야 시작된다는 것을 기본적으로 알아야 한다. 나는 직원들의 기분 좋은 상태를 위해 암묵적으로 두 가지를 실천했다. 바로 '웃음'과 '먹는 것'이다.

직원을 감정 쓰레기통으로 만든 건 나였다

현장에서 수많은 사람과의 대면으로 스트레스를 받으면 우리 몸의 자율신경계 중 교감신경이 자극을 받는다. 이 상태로는 귀가 후에도 잠에 잘 못 든다. 잠을 잘 자지 못하면 세포가 재생되지 않기 때문에 많은 피곤함을 느끼게 되고 다음 날에도 일하면서 자연스럽게 웃는 게 힘들어진다.

많은 대면을 하는 사람들은 스스로 에너지가 많아야 타인에게 에너지를 나누어줄 수 있다. 또 자신도 에너지가 있어야 웃을 수 있다. 하지만 에너지가 바닥인 상태에서는 나눠줄 에너지가 사라진다. 나는 한때 적은 에너지로 회사에 출근해 마음을 다잡고 일해 보려고 노력하는 직원들에게 전날의 일들을 피드백한다는 명분으로 아침 조회 시간에 꾸지람했다. 직원들을 웃게 하는 것이 아니라 반대로 리더가 직원들의 웃음보를 닫아버린 것이다.

하루의 시작부터 리더가 직원의 마음을 닫아버리고, 또다시 강한 고객들로 인해 직원들은 감정을 다쳤다. 직원들을 감정 쓰레기통으로 만들어 놓고 나는 다시 그들에게 똑바로 웃으라고 했다. 이 간단하고도 기가 막힌 원리를 신입 리더 시절에는 알지 못했다. 지금 생각해보면 참 부끄럽고 그때 함께했던 직원들에게 미안한 마음뿐이다.

웃음이 우리에게 주는 효과

우리가 알고 있는 'health(건강)'는 고대 그리스어 'hele(웃다)'에서 파생되었다고 한다. 다시 말해 웃는 것은 건강과 직결된 것이며 건강하면 'happiness', 즉 행복해진다는 의미다.

웃음이란 기를 품어내는 즐거운 에너지다. 웃고 나면 체온이 올라가고 혈류량이 올라간다. 웃는 동안 큰 근육을 사용하면 내면의 긴장 상태가 일순간 해소되고 경계가 무장해제되어버린다. 10분 동안 한바탕 웃는 웃음은 평소 잘 쓰지 않는 온몸의 큰 근육을 쓰게 해 혈액순환이 빨라져 운동 효과를 준다. 또 웃음보가 자극되고 행복 호르몬인 세르토닌이 뇌에 가득 차 식욕을 억제하는 역할을 해주어 안 먹어도 배가 불러 다이어트에도 효과가 있다.

쾌락 중추가 흥분하면 식욕 중추가 눈을 감아주는 것이다. 그래서 많이 웃고 잘 웃는 사람은 살이 덜 찌고, 스트레스를 많이 받는 사람들은 훨씬 많이 먹게 되고 살도 더 찌게 된다. 또 행복 호르몬들 덕분에 삶의 의미나 의욕도 긍정적으로 작용하게 된다.

이러한 웃음이 주는 효과나 영향력에 대해 인식한 후 일하면서 알게 된 한 분을 찾아가게 됐다. 이분은 상담심리학 박사이며 한국웃음연구소 소장, 《머니패턴》(비즈니스북스, 2019) 외에 다수의 책 저자인 이요셉 소장으로 우리나라 1호 웃음치료사다. 웃음에 대해 좀 더 깊게 알고 싶던 나는 개인적으로 찾아가 진짜 웃음이란 뭔지 배우고 웃음치료사 자격증을 의도적으로 따냈다.

해병대 박수를 치며 다리를 동동 굴러라

아침에 기분을 전환하기 위해서 웃지 않는 것보다는 당연 미소라도 짓는 것이 좋겠지만 그냥 미소 정도로는 안 된다. 우리 몸의 면역세포 NK세포(Natural killer cell: 바이러스에 감염된 세포나 암세포를 직접 파괴하는 면역세포, '자연 살상 세포'라고도 함)는 가슴 한가운데의 흉골 뒤 흉선에서 자연 분화해 있다가 우리가 온몸을 움직이거나 크게 웃으면 림프를 타고 전신으로 퍼진다고 한다. 그러므로 기분 전환을 하기 위해서는 셀카를 찍을 때 입만 웃는 것처럼 정적으로 웃는 것보다 마치 어린아이가 정말 기분이 좋을 때 대굴대굴 구르며 까르르 웃는 것처럼 온몸으로 웃는 것이 매우 중요하다.

예를 들어 해병대 박수를 치면서 다리를 동동 구르며 평소 잘 사용하지 않았던 근육들을 사용하면서 말이다. 겉으로 보면 약간 정신이 이상한 사람처럼 보일 수 있겠지만 이런 웃음은 암 환자들의 상태도 호전시킬 만큼 강력하므로 건강한 직원들이 다 같이 할 땐 조직에 엄청난 에너지가 생긴다.

내가 원장으로 있던 우리 목동점은(모든 준오헤어 매장도) 이렇게 유별나게 아침을 맞이했는데 이때 만약 오픈 전 시간에 일찍 오는 고객이 있다면 우리의 웃음을 간접 경험하게 되고 함께 웃게 된다. 또 웃음 치료 후 직원들의 높아진 에너지가 업무에 그대로 연결되면서 고객들을 맞이하는 직원들의 표현력이 좋아져 간접 경험을 하지 않았던 고객들도 점점 살롱에 호감이 높아지는 것을 느낄 수 있다. 강한 긍정적 기운이 그대로 전달되기 때문이다. 이런 방법을 적용하자 직원들에게 웃으라 하지 않아도 진짜 웃음으로 인사하는 모습을 보게 되었다.

직원들의 수다가 성과로 연결된다

컴퓨터 공학자이자 매사추세츠 공과대학(MIT) 미디어랩 디렉터인 알렉스 샌디 펜트랜드(Alex Sandy Pentland) 교수는 2009년 은행을 다니는 여직원들에게 추적 장치를 달아 그들이 어떻게 일하는지 데이터를 수집했다. 6주 동안 관찰한 결과 성과가 좋은 팀들은 회의실 밖에서 더 많은 소통을 한다는 결과가 나왔다.

실험 후 성과가 저조했던 팀에게 매번 같은 시간에 휴식 시간을 주고 함께 쉬면서 이야기들을 나누게 하자 이후 업무 성과가 20퍼센트 더 좋아졌고, 직원들의 만족도도 높아졌다. 회의실 밖 휴게실에서 나눈 수다는 사소한 잡담으로 끝나지 않고 더 다양한 아이디어를 나누는 등 자유로운 소통이 됐던 것이다. 이처럼 사무실 한쪽이나 복도의 정수기 등 음료를 마실 수 있는 공간에 사람들이 모여들어 대화를 하게 되면서 사내 소통이 활발해지게 되는 현상을 '워터 쿨러 효과(Water cooler effect)'라고 한다.

헤어숍의 경우 위 사례나 이론들과는 달리 생산성과 직원들의 뒷담화 등의 여러 문제로 직원들의 공간을 없애거나 줄이고 함께 밥을 먹는 시간 또는 간식 타임을 줄이는 회사들이 존재한다. 나의 첫 헤어숍도 직원실이 한 평 정도밖에 되지 않았다. 헤어숍의 총 평수가 워낙 작은데 비해 고정 비용이 너무 높아 생산성이 시급했기 때문에 직원들을 일에 더 집중시키고 고객을 더 많이 받을 수 있는 공간을 확보해 생산성을 높혀야만 했다. 그리고 뒷담화를 미연 방지하겠다는 의도도 조금은 담겨 있었다. 하지만 실상은 허기를 달래고 사소한 이야기를 하며 직원들이 잠깐이라도 쉴 수 있는 공간을 없앴으므로 직원들의 피로는 계속해서 쌓이고 좋은 아이디어의 공유도 제한한 격이 되고 말았다.

나는 몰래카메라 속 주인공이다

나는 가끔 다른 살롱으로 경영 강의를 하러 가기도 하는데, 헤어숍 분위기를 느껴보면 매출이 어느 정도인지, 평소 분위기는 어떨지 조금은 가늠할 수 있다. 헤어숍은 영업을 시작하면 고객들이 숍 안에 머물기 때문에 영업 시작 전 또는 영업 후에 직원 교육을 하는 경우가 많다. 직원들은 새벽에 밥도 못 먹고 출근한 후나 바쁜 하루를 보낸 후 하루 한 끼도 제대로 못 먹은 채로 교육에 임하게 되는데, 이 예민한 상태는 교육의 좋은 내용을 흡수할 수 있을 만한 상태가 아니다.

질 좋은 교육을 마친 후에도 긍정적으로 변화되고자 하는 동기가 생기는 것이 아니라 근본적이고 원초적인 인간의 욕구가 채워지지 않았기 때문에 예민한 상태에서 고객을 맞이하게 된다. 결국 기분 좋은 인사는 고사하고 머릿속은 온통 '이거 얼른 해놓고 밥이나 먹으러 가야겠다'가 된다. 사람은 맛있는 음식을 좋은 사람과 맛있게 먹을 때 자율신경계 중 부교감신경이 작동되고, 이 신경이 작동되면 배도 부르고 기분도 좋아져 누가 시키지 않아도 환한 웃음을 띠며 인사를 할 수 있는 컨디션이 된다.

즐거워야 인사를 잘하는 건 알겠는데 어릴 적부터 인사가 몸에 배어있지 않은 사람은 어떻게 하냐는 의문이 생길 수도 있다. 변하고 싶다면 제일 먼저 변하기로 스스로 결심해야 한다. '나는 변할 수 있다'고 강하게 믿어야 한다. 그리고 변하기로 결심한 후 변한 '척'을 하면 나에게 '착' 하고 붙어 내 것이 된다.

이것이 습관이다. 인사를 잘하는 것이 습관이 되면 인사를 잘하게 되고 주변 사람에게 '좋은 사람'으로 이미지가 만들어지면서 긍정적인 칭찬을 자주 듣게 된다. 짧은 인사의 태도로 상대가 나를 진짜 좋아하게 되는 것이다. 이런 감정을 내 스스로 자주 느끼게 된다면 그때부터는 누가 시켜서 하는 것이 아니라 자연스럽게 하게 되고 또 인사를 자꾸 더 잘 하고 싶어진다. 인사를 하는 자체가 그냥 기분이 좋고 즐겁기 때문이다. 나는 가끔 맥이 빠지고 의욕이 처져 입을 열어 인사가 하고 싶지 않을 때 그럼에도 불구하고 인사를 할 수밖에 없는 장치를 스스로 걸어둔다.

바로 '몰래카메라 기법'이다. 정신이 나태해질 때마다 '나는 엄청 유명한 사람이고 나는 지금 몰래카메라의 주인공'이라고 상상하며 의식적으로 나를 바로 세우는 것이다.

직원의 기분이 진정성 있는 인사의 시작

진정성 있는 인사는 발을 모으거나 손을 모으거나 허리를 몇 도 숙이는 등 격식이 중요한 것이 아니라 자신이 즐거운 상태에서 상대를 기쁘게 맞이하는 마음이 겉으로 표현되는 것이다,

코로나19로 감염 예방을 위한 사회적 거리 두기가 요구되면서 직원 간에도 비대면을 가져왔지만 그럼에도 오프라인 비즈니스에서 선택받는 회사가 되기 위해서는 고객 대면 전에 직원들끼리 잠깐을 마주하더라도 즐겁고 행복할 수 있는 것에 더 집중해야 한다.

그래야 직원들끼리 우리는 하나라는 연대감도 쌓이고 또 고객에게 한 번 인사를 해도 기쁘게 상대를 맞이하는 진심이 담긴 인사가 나오게 된다.

그러므로 시간이 걸리더라도 직원들의 근본적인 태도와 하루하루 기분 좋은 상태를 유지하게 하는 것이 기분 좋은 인사의 시작인 것이다. 진심이 없는 인사는 안 하느니 못하다. 오프라인 비즈니스에서 인사는 '해도 되고 안 해도 되는 것'이 아니라 '반드시 진정성 있게 해야만 하는 것'이다. 단 한 번의 인사로 상대의 마음을 단 2초만에 사로 잡을 수 있다.

04 온기가 있는 스킨십을 하라

세일즈는 스킬이 아니다

나는 숍을 운영하는 경영자이기도 하지만 미용인들에게 정보를 전달하는 강사이기도 하다. 강의 콘텐츠에는 세일즈 부분도 있는데 보통의 세일즈와는 좀 다르게 수업을 진행한다. 나는 어떤 것을 팔기 위해 또는 구매를 촉진하기 위해, 말하는 스킬만을 수업 내용으로 다루어본 적이 없다. 현장의 다양한 사례들에 현명하고 지혜롭게 대응하기 위해서는 영어 단어만 암기하듯 세일즈를 배우면 생명력이 짧다고 생각하기 때문이다.

나는 '이 일을 왜 하는지', '이 일을 통해 어떻게, 무엇을 이루려고 하는지', '스스로를 얼마나 사랑하는지' 등의 '마음 근육'을 단단하게 만들면서 이 '마음 근육'이 나의 깊은 뿌리가 되고 여기에 고객과의 신뢰와 말하는 세일즈 스킬들이 더해지면서 세일즈는 본질적으로 빛을 발한다고 믿는다. 또한 나는 현장에서 경영자로서나 개인의 인간 관계에 있어 가장 잃지 않으려는 자세는 '진심과 온기'를 유지하는 것이다. 좋은 행동에 말을 덧붙이고 그것을 습관으로 만들기 위해 나의 마음 자세를 근본적으로 다잡는 것이다. 그래야 내가 하는 행동에 진심과 온기가 베어 나오기 때문이다.

나는 고객의 '공감사'다

나에게 충성 고객은 두 부류가 있다. 첫째는 나와 시간을 오래 함께한 단골 고객이고 또 다른 하나는 다른 디자이너들의 불만 고객들이다. 나는 불만 고객들의 불만을 해결해주는 해결사가 아니다. 나는 그저 나와 같은 동료들 또는 선후배 디자이너들에게 다친 고객의 마음에 진심을 담아 공감해주는 '공감사'다.

불만 고객과 이야기를 나누어보면 시간적인 문제, 모발 컨디션 상태 등으로 인해 나와 이야기를 나누는 당일에 시술을 바로 잡지 못할 때도 허다하다. 그러나 아무 시술을 하지 않았음에도 불구하고 고객들은 되려 나와 손을 꼭 잡거나 깊은 인사를 나누며(때론 함께 울기도 하며) '감사합니다, 감사합니다' 하고 다음을 기약하며 돌아간다. 나의 무엇이 같은 고객을 이렇게 만들었을까?

내가 맡은 헤어숍에 소위 '좀 잘나간다'라고 불리는 고성과를 올리는 디자이너가 있었다. 인스타로 고객관리를 하면서 개인적으로 DM을 받으며 나날이 성장해나갔다. 그러나 어느 순간 통제가 되지 않았고 본인의 모든 성장이 자신이 잘나서 이뤄낸 것이라며 거만이 하늘을 찔렀다. 초심을 잃은 것이다.

한동안 나는 이 디자이너의 불만 고객들의 재시술로 몇 달을 정신없이 보냈다. 한 번은 지방에 사시는 엄마에게 효도를 하고 싶어 엄마와 딸이 SNS로 그 디자이너에게 예약해 시술을 했지만 마음에 들기는커녕 디자이너의 온갖 거만하고 기만한 태도로 두 고객의 마음이 시퍼렇게 멍들었다.

우리 숍 근처에는 '오고 싶지도 않다'라고 표현하실 만큼 마음의 문을 굳게 닫으셨다. 엄마를 모시고 왔던 딸과의 눈물 섞인 통화를 6시간 이상을 하고 수차례 사과드린 후 힘겹게 만난 날, 나는 예약 시간 한 시간 전부터 고객을 기다리고 있었다. 얼굴도 모르는 처음 뵙는 고객이지만 육감적으로 우리 고객임을 알아차렸고 나는 버선발로 숍 문밖으로 뛰어나가 딸의 어머님을 꼬옥 안아드렸다. 어머니는 처음 본 내 품에 안겨 3초 안에 눈물을 주르륵 흘리셨다.

"어머니 힘드셨죠! 정말 죄송합니다."

우시는 어머니에게 너무 죄송한 나머지 나는 차마 이 말밖에 할 수가 없었다. '도대체 뭘 어떻게 했으면 머리를 하러 온 고객이 이렇게 눈물까지 흘리는거야! 도대체 뭘 어떻게 했길래!' 나는 담당 디자이너가 내 직원이었음에도 용서가 안됐다. 순간 선 채로 우리 셋은 그렇게 몇 초간 말없이 눈물로 서로의 마음을 나누었다. 그리고 재시술을 하는 내내 두 분은 머리 이야기는 온데간데 없이 그 디자이너의 인성과 태도에 관한 이야기만 하셨다.

성격과 진심은 다른 종류다

머리를 예쁘게 하고 싶어 오셨는데 왜 기분이 상한 포인트가 디자이너의 인성과 태도일까? 고객도 사람이다. 사람은 감정이 100퍼센트다. 때로는 이론으로 설명하기 힘든 일도 많다. 어떤 일을 하든지 진심으로 고객의 손을 잡아본 적이 있는가? 진심으로 고객을 안아본 적은 있는가?

진심과 온기를 담은 스킨십은 처음 온 고객도, 불만을 토로하는 고객도 2초 안에 인간적으로 무장해제를 시켜버린다. 때로는 아무 말 없이 나의 온기를 진심으로 전하는 것이 답일 때가 있다. 비즈니스에서는 이런 표현이 자신의 성격과는 무관한 일이다.

만약 내 성격이 이래서 어렵다, 저래서 어렵다는 생각이 들면 다른 일을 찾아보시길 진심으로 권한다. 성격과 진심은 다른 것이다. 말을 줄이고 행동을 작게 해도 '진심의 표현'이라면 고객은 다 느낀다. 나의 진심을 행동으로 드러내 표현할 수 있을 때 고객과 진짜 통하는 전율을 느낄 수 있다. 나의 진심을 온기가 있는 작은 스킨십으로 표현하자. 그리고 나를 이성적으로가 아닌 감정적으로 좋아하게 하자. 좋아하게 되면 고객의 마음은 열리게 된다.

05 ——

나의 화법을 튜닝하라

누구나 잘 들어주는 사람을 좋아한다

'경청'만큼 쉬운 일은 없다. 그런데 동시에 경청만큼 세상 어려운 일도 없다. 경청은 건성으로 말의 소리를 듣는 일이 아니라 상대의 상황과 이야기를 나의 판단 없이 적극적으로 공감해주는 일을 수반한다.

공감은 남이 느끼는 것을 자신도 느끼는 능력이며, 상대의 감정을 느끼려 의도하면 무엇을 배려받고 싶어 하고 무엇을 원하는지 알아차릴 수 있다.

경청을 하기 위해 필요한 것은 '질문'이고 질문과 답변은 상대와의 대화에서 결을 살리고, 서로의 관계를 긍정적으로 연결해주는 윤활유 역할을 한다. 그러므로 숍 비즈니스에서도 경청은 필수다. 자신의 말에 귀 기울이는 사람을 면전에서 하대할 사람은 흔치 않기 때문이다.

우리가 방송국에 초대받아 국민 MC 유재석과 토크쇼의 중심에 있다고 가정해보자. '나는 유재석과 어떤 말을 주고 받을까?', '유재석은 내 대답에 뭐라고 반응할까?' 나는 상상만 해도 유쾌하고 짜릿하다. '당신의 이야기를 내가 귀담아듣겠어요!'라고 하는데 '싫습니다!'라고 하는 사람은 이 지구상에 단 한 명도 없을 것이다.

모든 사람은 자기 이야기를 잘 들어주는 사람을 좋아한다. 그러니까 잘 듣기 위해서 고객에게 '말할 수 있는 무대'를 마련해주는 MC가 되었다고 생각하면 좀 더 쉬울 것이다.

물꼬를 터주는 질문이 좋은 질문이다

고객과 자연스러운 대화를 이어가려면 서로가 연결되는 대화가 이루어져야 한다. 그러기 위해서는 경청 다음으로 적절한 질문이 필요하다. 나는 적절한 질문을 좋은 질문이라고 정의한다.

그렇다면 질문을 왜 해야 할까? 질문은 취조하듯 묻고 답하는 것이 아니라 내가 고객에 대해 알아야 할 정보를 얻기 위해서 반드시 해야 하는 대화의 과정이다. 하지만 나는 더 깊은 의미에서 질문은 상대를 추켜세우기 위해 반드시 해야 하는 것이라 생각한다. 그렇다면 상대를 추켜세운다는 것은 무엇일까? 그것은 바로 고객을 토크쇼의 주인공이 된 듯한 느낌이 들게 하는 것이다. 상대에 대한 기존 정보와 공감하면서 들었던 대화 내용을 기억하고, 그 상대와 연결되고자 하는 질문을 하면 상대의 마음이 움직인다. 사회자가 이끄는 질문에 울고 웃는 이유가 여기에 있다.

숍 비즈니스에서의 좋은 질문은 상대가 원하는 것을 내가 무형이든 유형이든 구체적으로 해결해줄 수 있도록 물꼬를 터주는 아주 원초적인 필수 요건이며, 상대의 마음을 움직이고 그를 주인공으로 만들어 추켜세워줄 수 있는 가장 중요한 요소가 된다.

고객을 대할 때 나는 국민 MC 유재석, 고객은 토크쇼 초대 손님이라고 생각한다면 뒤이어 나오는 행동은 당연히 고객을 끌어당기는 행동이 될 것이다.

고객의 질문에 대한 대답 요령을 연습하라

고객과의 작은 대화(Small Talk, 잡담 포함)부터 상담까지, 대화를 어려워하는 직원들에게는 대부분 한 가지 공통점이 있다. 그것은 바로 모든 질문에 완벽한 답을 하려 하는 것이다. 우리가 현자도 아니고 삶의 연륜이 깊은 고객들이 나이 어린 직원들에게 바라는 것은 최적화된 솔루션이 아니다. 그저 태도에서 묻어나오는 진정성, 공감, 예의를 원한다.

사람들은 그냥 자신의 이야기를 내놓으며 스스로 답을 찾아간다. 예를 들어 코칭도 코치(상담자)가 피코치(내담자)에게 답을 주지 않는다. 코치는 좋은 질문을 계속하고 피코치는 코치의 질문에 답을 하며 스스로가 답을 찾아간다. 코치는 답을 제시하지 않고 오로지 가이드 역할만 한다. 주도적 의사결정이 인간의 본성이기 때문이다.

다만 스킬적인 것을 조금 추가하자면, 내가 하는 말의 수를 고객보다 조금 덜 하는 것을 권한다. 시술에 필요한 내용을 구체적으로 하거나 상황 정리에 필요한 객관적 내용을 제외하고 대화 도중 고객이 대화의 연결을 위해 던지는 질문에 답할 때나 개인적인 대화에서는 고객보다 말의 수를 아끼는 것이 더 현명한 방법이다. 눈치 없이 직원이 고객과의 대화 속 주인공이 되거나 고객에게 훈수를 놓는 경우도 현장에서 종종 있다. 훈계를 듣고 나가는 고객의 발걸음이 유쾌할 일은 없다.

비즈니스에서는 선을 넘지 않아야 하며 절대 주객이 전도되어선 안 된다. 말을 많이 하면 반드시 실수한다. 명심하자! 말의 수를 고객보다 아끼는 행동을 연습해야 한다.

고객의 화법 속 핵심 단어를 복사하라

사람은 나와 비슷한 사람을 좀 더 편안해하고 쉽게 좋아한다. 개인적이든 사회적이든 상관없다. 누구나 자신과 비슷한 사람에게 끌린다. 상대가 하는 말을 유사하게 하는 것만으로도 주도권을 내가 가지고 있을 수 있다. 짧은 대화를 나누면서도 상대에게 매력 있는 나로 어필할 수 있는데 그것은 바로 고객이 했던 말과 단어를 재차 반복하거나 가벼운 행동을 유사하게 하는 것이다. 이러한 복사기 화법에는 백트레킹(Back tracking), 미러링(Mirroring) 등이 있다.

심리사들은 환자들이 하는 말의 단어를 그대로 따라 한다고 한다. 환자들과 주파수를 맞추는 것, 즉 튜닝을 하는 것이다. 이때 중요한 점은 단순히 상대의 언어를 따라 하는 것에 중점을 두는 것이 아니라 상대의 경험을 나도 겪을 수 있을 것 같다는 호기심과 공감으로 튜닝하는 것이다. 고객이 "와~~ 바깥 날씨가 너무 추워서 얼 뻔했어요!"라고 말한다면 '어머, 그새 정말 추워졌나?'라는 호기심의 감정을 담아 "어머 너무 추워요?"라고 하는 것이다. 가끔 어떤 사람은 "아까 나가봤는데 별로 안 춥던데요"라고 재를 뿌린다. 그러면 상대는 뭐라고 답을 해야 할까?

순간 서로에게 아주 짧고 미묘한 감정적 단절이 생긴다. 이것보다 너무 춥다는 고객에게 무릎담요도 가져다드리고 따뜻한 차도 한잔 준비하면서 '연결의 물꼬'를 튼다면 훨씬 '배려 있는 나', '따뜻하고 인간적인 나'로 거듭날 수 있다.

상대방이 사용하는 단어를 내가 함께 사용해주면 상대방은 왠지 모르게 '저 사람 좀 괜찮은데'라고 호감을 느끼게 되는데 그것이 바로 '유사성'을 느껴서 그런 것이다. '어~ 저 사람하고는 내가 말이 좀 통하는걸?', '어~ 저 사람하고는 잘 맞는걸?' 즉, 나와 무언가가 비슷하다고 느낀다. 이 감정이 나를 매력 넘치는 사람으로 보이게 한다. 지금까지 말한 대화 스킬들을 정리해보면 다음과 같다.

이 네 가지 스킬은 드러나는 액션은 아니지만 말하고 있는 나의 가치를 높여주는 아주 귀한 스킬이다. 바르게 의도하고 제대로 익혀보길 바란다.

다음은 고객과 깊이 연결되는 네 가지 대화 스킬이다.

- 나의 판단이 안 들어간 공감의 경청
- 경청으로 얻은 정보를 연결한 좋은 질문
- 주객이 전도되지 않은 나의 대답
- 복사기 화법을 적절히 사용하며 고객과 유사성 만들기

06 엘리베이터 스피치를 활용하라

결과를 먼저 말하자

고객을 설득시키는 기술 중 하나인 '엘리베이터 스피치'는 엘리베이터가 이동되는 시간 안에 자신이 원하는 방향으로 상대를 설득하는 말하기 방법이다. 1분 정도의 짧은 시간이 나에게 주어졌다고 가정하면 상대의 관심을 확 끌 수 있는 첫 문장이 핵심이라 해도 과언이 아니다.

이 부분을 글로 적으면서 가장 생각나는 한 사람이 있는데, 바로 나의 남편이다. 남편은 사업을 하는 데 가장 뛰어난 재능을 하나 가지고 있다. 그것은 바로 늘어져 있는 여러 사안을 핵심 요소로 압축하는 능력이다. 그리고 그것을 군더더기 없는 한 문장으로 확실하게 만든다. 5분 듣고 30초로 정리해서 말하고 10장의 문서를 한 장으로 축약한다.

많이 듣고 이야기를 재미있게 끌어가다 보니 남편이 하는 이야기의 스토리가 계속 궁금해지고 항상 남편을 만나려는 사람이 많다. 말수가 많은 편이 아님에도 불구하고 어떤 모임을 가든 임팩트 있는 말과 표현력으로 유쾌하고 가장 심플하게 대화를 이끈다. 이런 남편의 비결은 바로 결론부터 말한다는 것이다. 결과를 먼저 이야기하면 상대는 '그래서 어떻게 됐어요?', '이제 어떻게 하면 돼요?', '그 다음은 뭐예요?'라는 호기심을 쏟아내고, 남편은 그 질문에 마치 할아버지가 손자에게 옛날이야기를 하듯 편안하게 얘기만 하면 된다.

"모발도 아픈 거 아세요?"

예를 들어 고객과의 상담은 이렇게 시작할 수 있다. "모발도 혹시 아파하는 거 아세요? 사람도 아프면 꼼짝달싹하고 싶지 않은데 모발도 똑같답니다." 그러면 고객은 속으로 이렇게 느낄 확률이 높다. '아니 모발이 생명이 있는 것도 아니고 뜬금없이 이게 무슨 말이지?' 일반적으로 사람들은 질문을 받으면 자신도 모르게 그 질문에 답을 생각하기 마련이다. "네? 정말요?"

일단 관심을 끌었다면 "모발이 아프다는 건 손상이 되었다는 의미인데 우리도 건강할 때 활기차 보이듯이 모발도 건강해지면 활기차게 윤기도 나고 생기도 난답니다. 막 기분 좋아해요!"라고 말을 이어간다.

내 설명을 들은 사람들은 생기 있는 머릿결을 상상한다. 상상한 후에는 머리카락을 생기 있게 만들려면 무엇을 해야 하는지 그 방법이 궁금해진다. 이때부터는 해결책을 길고 자세하게, 내가 줄 수 있는 정보를 고객에게 맞게 솔루션을 제안하면 된다. 나의 제안이 매력적이라면 고객은 더 많은 정보를 깊이 물어오거나 긍정적인 결정을 하게 된다. 이렇게 결론을 먼저 이야기하고 주변을 집중시키는 방법은 간단하면서도 이야기하고자 하는 메시지나 이야기하는 '나'를 엄청 매력적으로 만들어주는 아주 멋진 대화 방법이다.

칭찬은 고래가 아니라 사람을 춤추게 한다

무슨 일을 하든 내가 명심하는 것이 하나 있다. 바로 사람에게 집중해야 한다는 믿음이다. 인간은 감정과 욕구가 있다. 그리고 모든 사람은 상대방에게 인정받고 싶어 하는 욕구가 있다. 인정과 존중은 상호성을 가진다. 즉, 내가 받으면 돌려주고 싶은 성질을 가졌다는 뜻이다. 상대방이 나를 존중해주는 만큼 나도 상대방을 존중해주고 싶다.

'존중받고 싶은 대로 타인을 존중하라!'라는 말도 있듯이 상대를 존중해주면 나도 존중받게 된다. '나를 존중해주는 사람의 말을 듣지 않을 이유가 있겠는가!' 나는 상대를 존중할 때 칭찬을 활용했고, 직원들을 교육하면서 칭찬에 관해 알려주었는데, 아직 칭찬이 어색한 신입 스태프가 이렇게 말했다.

"고객님~ 가방이 너무 예뻐요!"

배운 것을 바로 용기 내어 실천하는 직원의 태도에는 박수를 보낸다. 하지만 아쉬운 부분이 있다. 바로 칭찬의 대상이 고객이 아니라 가방이기 때문이다. "고객님~ 오늘 스타일과 가방 매칭이 너무 좋은데요? 안목이 정말 좋으세요!"라고 말해보면 어떨까? 나와 꼭 맞는 가방을 고른 나의 안목을 누군가 인정해준다면 내 기분은 어떨까? 물건이 아닌 사람에게 집중하고 칭찬을 하는 것이 훨씬 좋다.

칭찬도 결론부터 하면 효과가 더 좋다!

물건을 칭찬하지 말고 사람을 칭찬하라고 하면 누구나 '아! 맞네! 그렇구나!' 하고 동의한다. 그렇기 때문에 사람이 중심인 칭찬을 어떤 식으로 하면 되는지 많이들 알지만 많은 사람이 아는 만큼 식상할 때도 있다. 다시 말하면 훈련받은 뻔한 칭찬처럼 느껴질 수 있다는 뜻이다.

그래서 나는 칭찬도 엘리베이터 스피치처럼 티 나지 않게 한다. 나에게는 다양한 연령의 단골 고객들이 있는데 그중 아주 멋쟁이 70대 여성 사업가 한 분이 있다. 70대 중반이라는 것이 느껴지지 않을 만큼 아주 건강한 젊음을 유지하고 있다. 많은 재산이 있지만 되도록 걸어다니고 고층에 거주하지만 바쁘지 않다면 무조건 엘리베이터 대신 걸어서 계단으로 귀가하신다.

이렇게 자기 관리에 철저하신 고객이 평소에도 당당하고 멋지지만 그날따라 하이힐에 슬림한 일자 슈트를 입고 우리 숍에 등장하셨다. 젊은 20대 직원들도 감탄했는지 '오늘 너무 멋지다, 연예인 같다, 너무 젊어 보인다' 등등 난리가 났다. 그야말로 무슨 잔칫집 같았다. 나는 직원들에게 둘러싸여 행복해하는 고객이 충분히 좋은 느낌을 느낄 수 있도록 시간을 드리고 조용히 다가가 귓속말을 전했다.

"사모님, 혹시 그거 아세요?"

"응?"

"오늘 사모님은 마치 미래의 제가 되고 싶은 모습을 보여주시는 것 같아요~!"

"정말?"

"네~~ 그럼요! 평소에도 물론 멋지지만 오늘 최고로 멋지세요! 자기 관리를 꾸준히 하신 진가가 정말 온몸으로 느껴지는데요?"

"진짜야?"

"네~ 그럼요!"

옷이 잘 어울리고 피부가 좋아 보이고 그래서 젊어 보이고 모두 다 맞는 말이지만 고객은 겉으로 보여지는 외모보다 자신의 센스나 자신의 가치를 칭찬받을 때 훨씬 더 감동받는다. 그리고 그것이 만난 지 한참 후가 아닌 만난 순간 바로, 그 어떤 말보다 먼저 듣게 된다면 자신이 쏟은 시간과 꾸준히 노력한 대가를 제일 먼저 인정받는 것 같음에 더없이 기쁘다. 칭찬은 먼저, 설명은 나중에 하는 엘리베이터 칭찬을 해보자. 물론 거품 없는 사실을 바탕으로!

엘리베이터의 문이 열리기 전에

사람이 하는 말에는 맛이 있다. 그러나 타고난 말재주가 없는 나는 말을 맛있게 한다기보다는 직업의 특성상 되도록 쉽게 설명하기 위해 예시를 들거나 그 예시를 상상하게 하며 상대가 이해되기 쉬운 방법을 고민했다. 물론 여기까지는 좋았다.

하지만 고객이나 직원이 나의 이야기를 너무 오래 듣고 있게 되는, 한마디로 말하자면 이해는 쉬운데 지겨움을 느끼게 된다는 것을 어느 순간 알아차렸다. 이때 깨닫게 된 것이 설득의 스피치고 그중 눈에 띄게 효과를 본 것이 엘리베이터 스피치다.

나는 뷰티 현장에서 수천, 수만 명의 고객을 만나면서 말하기의 중요성을 수없이 많이 느꼈다. 스피치, 즉 말하기는 기교가 전부가 아님을 강조하고 싶다. 나는 1만 시간의 법칙(어떤 분야의 전문가가 되려면 최소한 1만 시간 정도의 훈련이 필요하다는 법칙)이 두 번이나 넘는 만 20년의 시간을 통해 그것을 온몸으로 깨달았다.

상대를 관심 있게 바라봐주지도 않으면서 앵무새처럼 입만 하는 스피치는 사양한다. 짧고 굵게 결론을 먼저 말할 때도 반드시 진정성이 있어야 한다. 엘리베이터의 문이 열리기 전, 고객을 관심 있게 바라보고 진심이 묻어나는 단 한마디의 말을 찾아내 마음을 건네보자. 엘리베이터 스피치는 고객이 엘리베이터를 타고 곧장 우리 숍에 내릴 수 있도록 길을 열어줄 것이다.

07 상대방의 예스를 끌어내라

머리 한번 끄덕였을 뿐인데

1990년대 크라이슬러의 디자인 수석이었던 톰 게일(Tom Gail)이 이끄는 캘리포니아 주립대학교의 연구팀은 머리를 끄덕이는 것만으로도 특정 대상에 대한 호감도를 높일 수 있다는 것을 발견했다. 연구팀은 피험자 120명을 두 그룹으로 나누었다. A 그룹에는 음악을 틀어주고 "자연스럽게 리듬을 타며 머리를 위아래로 흔들어주세요"라고 지시했다. 반대로 B 그룹에게는 "생각을 배제한 채 오직 리듬에만 집중하며 머리를 좌우로 흔들어주세요"라고 지시했다.

리듬을 타며 고개를 위아래로 흔든다는 것은 다른 의미로 'Yes'와 관련된 행동을 하게 한 것이다. 반대로 리듬을 타며 머리를 좌우로 흔든다는 것은 'No'를 의미하는 행동이다.

이 실험의 핵심은 생각을 배제한 상태에서 행동만 조정했다는 것이다. 머리를 위아래로 움직이거나 좌우로 흔들면서 말이다. 그리고 음악이 나오는 중간에 각 그룹의 피험자들 앞에 파란색 또는 와인색 펜이 올려진 책상을 가져다 놓았다. 무의식적인 행동을 하는 와중에 펜을 보게 한 것이다. 음악이 멈춘 뒤 실험에 참가한 모든 사람을 불러 책상 앞에 모이게 했다. 그리고 다양한 색상의 펜을 제시하고 좋아하는 펜을 고르라고 요청했다. 결과가 어떻게 나왔을까?

행동하면 생각이 바뀐다

고개를 위아래로 끄덕인 A 그룹, 즉 'Yes'를 의미하는 행동을 한 그룹은 자신이 음악을 들으며 보았던 색깔의 펜을 75퍼센트가 선호했고 반면 고개를 좌우로 흔든 B 그룹, 즉 'No'를 의미하는 행동을 한 그룹은 73퍼센트가 자신이 본 펜과 다른 펜을 선호했다. 단지 머리를 위아래로 또는 좌우로 흔드는 행동에 따라 대상의 선호도가 이처럼 극단적으로 바뀌게 된다는 것이다.

이 연구 결과를 통해 나는 행동에 따라 선호도가 극명하게 바뀐다는 사실을 알았다. 단지 머리를 끄덕이는 것과 같은 사소한 행동도 사람의 태도나 감정 형성에 영향을 미쳐 다음 생각과 행동을 변화시키게 된다. 행동의 영향력이라는 측면에서 생각해본다면 매우 중요하고도 의미 있는 결과다.

상대방의 행동을 'Yes'의 행동으로 먼저 움직이게 하면 이후의 요청에도 'Yes'를 할 확률이 높아진다.

예스를 유도하는 질문의 효과

서던 메소디스트 대학교의 다니엘 하워드(Daniel Howard)는 직접 행동을 하는 것이 그다음 행동에 어떤 영향을 미치는지에 관한 연구를 진행했다. 먼저 하워드는 전화번호부에서 피험자를 무작위로 선정하여 전화를 걸었다. 자신들은 기아 구호 단체인데, 비스킷을 구매하면 어린이 구호에 큰 도움이 된다고 말해주었다. 그러고는 어린이들을 위해 비스킷을 구매해줄 수 있는지 물었다.

이때 전화를 받은 사람 중 절반에게는 본론을 꺼내기 전, 본론과 상관없는 작은 'Yes' 행동을 유도하는 질문을 던졌다. 예를 들면 "오늘 기분이 어떠세요?", "오늘 날씨가 참 좋지요?" 등과 같은 질문들이었다. 이런 질문을 받은 응답자들은 대부분 "좋아요", "괜찮습니다" 등과 같은 긍정적인 답변을 했다. 본론과는 전혀 상관없는 질문에 응답자들은 무의식적으로 인사성으로 하는 대답에 'Yes'를 말했다. 반면 다른 절반의 사람들에게는 전화를 걸자마자 바로 기아 구호를 위한 비스킷을 구매해달라고 요청했다.

과연 이 두 집단 사이에는 어떤 차이가 나타났을까? 두 그룹은 무려 두 배 가까운 차이가 났다. "오늘 기분이 어떠세요?"라는 질문에 "Yes"를 표현한 사람들은 32퍼센트가 비스킷 구매 제의를 받아들였지만, 본론부터 들은 다른 그룹에서는 단 18퍼센트의 사람들만이 비스킷 구매 제안을 받아들였다. 32 대 18로 구매율이 두 배 가까운 차이가 난 것이다. 이 두 집단에는 무슨 차이가 있었던 것일까?

단순히 사전에 'Yes' 행동을 했다, 안 했다의 차이다. 작은 행동의 차이가 커다란 결과의 차이를 만든 것이다. 이 연구는 사람들의 생각을 조정한 것이 아니다. 그들의 '행동'을 조정한 것이다. 사전에 유도했던 작은 'Yes'는 그 사람의 생각과 행동에 영향을 미쳐 더 큰 'Yes'를 유도할 수 있었고. 'Yes'라는 사전 행동 덕분에 다음번 행동도 'Yes'로 이어진 것이다. 그리고 그 성공 확률은 무려 두 배 가까이 높아졌다.

'No'를 부르는 아침 조회 시간

이 연구 내용을 읽는 순간, '아!' 하고 탄식의 감탄사가 절로 나왔다. '경영이든 운동이든 공부든 무릇 사람은 매일 조금씩 갈고 닦아 먼지 끼지 않게 해야 한다'는 스승님의 말씀 또한 떠올랐다. 내가 점장 또는 리더의 역할을 해온 지 10년이 넘어가는데, 위 논문들을 이미 여러 책에서도 소개가 되어 접하기도 쉬운 내용임에도 불구하고 뒤늦게 공부를 하는 바람에 좀 더 빨리 좋은 결과를 만들지 못한 것 같아 스스로 너무나 아쉬웠다.

나는 목동 1호점을 오픈한 후 2년간, 직원들의 급여를 주기 힘들 정도로 숍 운영을 산소 호흡기를 낀 채로 생명 연명하듯 경영해왔다. 리더인 나는 직원들의 아침을 즐겁고 행복하게 해야 한다는 것을 알고 있었음에도 행동으로 옮기지 못했다. 저조한 헤어숍의 매출과 오픈 때 생긴 부채로 마음의 여유가 없었다. 스스로 행복하지 않았기 때문에 머리로는 알고 있어도 행동이 180도 다르게 나왔다.

직원들을 유심히 살피고 칭찬을 해주거나 긍정적인 영감을 줄 수 있는 메시지를 전달하며 신선하고 즐겁게 직원들의 사기를 높여주는 아침 조회는 없었다. 대신 매출의 조급함으로 전날의 피드백을 하며 한껏 야단을 쳤다. '이건 이래서 안 되고 저건 저래서 안 된다', '그렇게 하지 말라고 했는데 그렇게 말귀를 못 알아듣냐', '대체 생각이란 게 있는 거니', '생각 좀 하자!' 이런 온갖 독설을 퍼부었다. 그래놓고는 직원들이 고객들에게 함박웃음을 지으며 밝고 고급스럽게 서비스하길 바라고 있었다.

물론 개인적으로 너무도 힘든 일들이 많아서 그랬다지만 그건 내 문제고 나는 리더였다. 리더는 그러면 안 되는 것이었다. 그런 행동으로 여러 사람 가슴을 아프게 하는 것은 리더가 아니다. 많은 직원이 퇴사한 것은 어떻게 보면 아주 당연한 결과였다. 그들이 결국 나갈 수 밖에 없도록 행동 해온 대가를 4년간 혹독히 치른셈이다.

08

출근하고 싶은 헤어숍으로 만들어라

브리핑으로 터닝포인트를

나는 오픈 4년 후 개과천선해야겠다는 마음을 먹고 폭풍 공부를 시작하면서 지우고 싶은 나의 과거를 하나둘 청산해가기 시작했다. 직원들이 출근하고 싶은 헤어숍을 만들고 싶었다.

송충섭 대표님이 이끄는 미용 관련 월간지 및 단행본을 출간하는 ㈜가미쇼보코리아를 통해 일본으로 BOB 미용 연수를 다니면서 일본의 상위 1퍼센트 리더들의 사례들을 접목하기 시작했다.

먼저 '나의 말과 인사'를 바꾸고 '우리만의 색깔이 있는 아침 조회'를 만들었다. 준오헤어의 강윤선 대표님을 시작으로 전 직원들이 아침마다 하는 《아이스브레이킹》의 저자 이영민 교수님이 개발한 '자부심 박수(박수치면서 '나는 내가 정말 좋다'고 긍정적인 말을 내뱉는 것)'를 빠짐없이 실천했다.

자부심 박수를 통해 스스로 자부심과 자존감을 심어주면서 내가 되고 싶은 사람과 현재 내 모습과의 차이를 줄여주는 효과를 볼 수 있었다. 더불어 종합병원 의료진들이 회진 전 차트를 보며 환자들에 대해 브리핑하듯이 우선 예약을 하신 분들에 대해 한 명씩 브리핑하는 방식으로 진행했다. 명칭도 '아침 조회'가 아닌 '모닝 브리핑'으로 바꾸었다.

전 직원 모두 앉아서 편안하게 고객 정보를 나누자 평소 서서 일하느라 다리가 아픈 직원들이 아침 조회 시간에 서서 야단맞는 일이 사라졌다. 디자이너들은 단골 고객의 정보 중 비밀스러운 사적인 정보를 제외한 전 직원들이 알고 있으면 고객 서비스에 좋을 정보들을 공유했다.

모질은 어떤지 전 시술의 정보나 피드백은 기본이고 가령 따님이 졸업한다는 것, 방문 날이 생일인 것, 여러 기념일 또는 선호하는 것과 선호하지 않는 음료들, 시술 시 조심해야 할 부분들 예를 들어 샴푸 시 정수리 부분을 아파하신다는 것, 커피는 선호하지 않는 것이 아니라 빈속에 드시면 속 아파하신다는 것, 여자 스태프를 좀 더 편안해하신다는 것 등등 시술 정보 이외의 직원들이 알아야 할 섬세한 정보까지 마치 의사들이 환자의 상태를 꼼꼼히 체크하듯 일정부분의 정보를 공유하는 시간으로 활용했다.

3개월이면 충분했다

직원 중 스태프들은 소속 팀이나 메인 디자이너 고객에 대한 정보를 의사처럼 수첩에 기록도 한다. 또 디자이너들은 다른 디자이너가 캐치하는 것을 배우기도 했다. 이 모든 것이 당연히 첫날부터 잘되지는 않았다. 모두들 어색해하는 반응이었다. 그리고 무엇보다 브리핑을 할 선 예약 고객이 없었다. 예약이라 하지만 거의 대부분이 당일 예약이었다.

그래도 꾸준히 모닝 브리핑을 해나갔고, 이후 약 3개월이란 시간이 걸리긴 했지만 시스템을 바꾸니 리더가 조직의 문제점을 지적하거나 잔소리하지 않아도 직원들 스스로 해야 할 것들, 주의해야 할 것들을 알아차리기 시작했다. 상의할 일들도 늘어났고 협업을 왜 해야 하는지도 알게 되었다. 우리 조직의 목표는 이때부터 목표매출 이전에 '방문 고객의 수'로 자연히 관점이 변경되었다.

약 6개월 정도 지났을 시점에는 선 예약 고객의 예약 비율이 50퍼센트 이상 상승했다. 예약 장부가 점점 당일 전에 채워져 나갔고, 우선 예약을 받지 못한다고 직원들을 야단치지 않아도 되었다. 오히려 디자이너들이 고객 정보를 많이 알고 구체적으로 이야기할 때 전 직원들 앞에서 대놓고 칭찬해주었다. 리더의 긍정적 칭찬은 직원들의 긍정적 행동과 연결됐고 그들의 생각과 행동이 긍정적으로 변하기 시작했다. 우리의 아침이 점점 밝아지고 있었다.

리더가 바뀌어야 직원도 바뀐다

그리고 내가 직원들에게 하는 인사나 질문도 되도록 기분 좋은 'Yes'가 나올 수 있도록 노력했다. 숍 문에 들어서기 전, 도저히 웃으면서 들어갈 기분이 아닌 날에는 차라리 들어가지 않았다. 그럴 때마다 문 근처 직원들이 보이지 않는 사각지대에서 제자리 점프를 몇 번 하고 방방 뛰면서 내 행동을 긍정적으로 바꾸길 노력했다.

"오늘 기분 어때?"가 아니라 "오늘 기분 좋지?", "잘 챙겨 먹어"가 아니라 "우리 간식 먹고 시작할까?", "지금 내가 교대해줄 테니 식사하고 와"가 아니라 "배고플 텐데 얼른 힘내고 와"처럼 쉬운 것부터 바꾸었다. 쉽고 별거 아닌 것 같아도 나에게는 이미 습관이 되어 익숙해져 버린 말투를 바로 잡는 것은 아주 힘든 도전이었다. 평소처럼 말이 나오면 뒤돌아서 답답한 마음에 내 입을 얼마나 때렸던지 입술이 찢어져 피가 난 적도 있었다.

경영하면서 어느 하나 쉬운 것이 없었다. 베이스가 바닥이니 끌어 올리는 것도 꽤 많은 시간이 걸렸다. 내가 잘못 이뤄 놓은 행동들의 대가들이 원상 복귀가 되기 위해서는 감수해야 할 고통이 너무도 크다는 것을 매일 느끼면서 마치 내가 마늘을 먹으면서 인간으로 환생하길 인내하는 곰 같다는 생각도 들었다. 그래도 시간이 흐르자 직원들이 나의 이런 노력을 인정해주기 시작했다. 고객들도 점점 동참해주기 시작했다.

직원들을 향하는 나의 긍정적 칭찬과 'Yes'를 끌어내는 말은 직원들을 춤추게 했고 그들은 인정받음에 기뻐했으며 그 기쁨은 고객을 향한 칭찬으로 이어졌고 고객 수는 우리가 원하는 방향으로 늘어가고 있었다.

예스가 넘쳐나자 숍 분위기는 절로 좋아졌다

상대방을 내가 원하는 방향으로 유도를 하기 위해서는 적어도 나에게 긍정적인 반응, 즉 긍정적인 행동이 나오게 해야 한다.

상황이 상담을 해야 하는 상황이라면 고객 접점 시 "시간 내기 어려우신데 이렇게 와주신 거죠?"(대부분 한국인은 바쁘다. 안 바빠도 Yes라고 한다), "아이 잘 크고 있죠?"(고객의 사적인 정보를 항상 알고 있어야 한다)와 같은 무난하면서도 딱히 부정적인 대답을 하기 어려운 질문을 해주면 된다.

또 리더인 상황이라면 위와 같이 먼저 다가가는 말, 함께 하자는 의도가 담긴, '네. 그렇게 하죠'와 같은 긍정적인 대답을 유도하는 질문들을 직원들에게도 할 수 있어야 한다. 스스로 자신만의 색깔을 입혀 나만의 질문법을 의식적으로 찾아내고 반드시 실천할 수 있도록 노력해야 한다.

상대방으로부터 최소한 세 번 정도 긍정적인 대답을 받아내면 이후 요청에도 긍정적인 대답과 행동을 받아낼 확률은 증가하게 되는데 이런 이유는 바로 사람이 세상을 이해하고 대응하는 것에 일관성을 유지하려는 '일관성의 욕구(need for consistency)' 때문이다. 연인이 사랑에 빠지면 음식을 흘리면서 먹어도 그 행동이 사랑스러워 보이는 것도, 팬들이 사랑하는 연예인의 실수를 옹호하는 것도 바로 일관성의 욕구 때문이다. 이처럼 사람들은 일관성 있는 태도를 신뢰한다. 서비스든 고객 응대든 세일즈든 긍정적 일관성을 유지한다면 상대방으로부터 예스를 끌어내는 확률이 높아질 것이라고 나는 확신한다.

자신이 가진 습관이 애초부터 좋은 사람도 있겠지만 나처럼 잡음 투성이었던 사람도 단호하게 '바꾸겠다'고 마음을 먹고 '어떤 식으로 바꾸겠다'는 것을 종이에 적고(백지 프린팅), 의도적으로 행동으로 바로 옮겨버리면 좋은 습관이 된다.

만약 좋은 습관을 만들기 위해 리더가 먼저 앞장 서서 노력한다면 프로모션 하나 진행하지 않고도 직원들의 웃음이 많아지고 매출 숫자가 달라지는 기이한 현상을 경험하게 될지도 모른다. 나는 이 모든 것을 몸소 경험한 유경험자로서 'Right now!!' 지금 당장 작은 행동부터 바꿔보길 추천한다. 당신도 할 수 있다.

2장

감정 다루기

좋은 의도를 담아라

01 나를 만나는 순간 좋아하게 만들어라

선배보다 고객 수가 많은 신입 디자이너

'좋아한다'라는 것은 어떤 의미일까? 국어사전을 찾아보니 "어떤 일이나 사물 따위에 대하여 좋은 느낌을 가지다"라고 명시되어 있다. 나는 '좋아하다'를 '마음이 열린다'라고 해석한다. 특히 오프라인 비즈니스에서의 핵심은 상대방이 '나'를 만나는 순간 좋아하게 만들어 빠른 시일 내에 상대의 마음이 열리는 것이라고 생각한다.

나를 좋아하게 되면 상대의 마음이 열리고, 마음이 열리면 나의 말에 동의하게 되고, 동의하면 수긍이 되고, 수긍이 되면 거래가 일어나기 때문이다. 고객과의 잦은 거래는 성과와 직결된다.

헤어 비즈니스도 현장에서 고객과 얼마나 자주 만나는가가 아주 중요하다. 그런데 20년이 넘게 현장에 있으면서 아이러니한 점을 발견했다. 고객은 단순히 헤어디자이너들의 실력만을 보며 다시 방문하는 것이 아니라는 점이다. 그런 논리라면 현장 경력이 제일 많은 디자이너가 가장 많은 단골 고객을 보유하고 가장 많은 매출을 올리고 있어야 하겠지만 실상은 그렇지 않기 때문이다.

이제 겨우 1, 2년 된 신입 디자이너 중에도 고참 디자이너가 보유한 고객 수를 뛰어넘는 디자이너도 자주 있다. 원인은 의외로 간단하게 현장의 고객들로부터 답을 찾을 수 있다. 바로 그저 '좋아서'였다(다만 이때의 전제조건은 그 디자이너의 핵심역량인 헤어디자인이 기본 이상이 될 경우이다).

현장의 어린 직원보다 더 연륜 있고 사회 경험이 있는 고객들은 시술하는 직원들의 인성과 태도를 본 이후 재방문을 할지 말지를 판단한다. '아! 머리는 조금 마음에 안 들지만 사람이 바르고 착하니까 다음에 다시 와서 마음에 안 드는 부분을 얘기해야지!', '저 직원은 예의 바르고 노력도 많이 하는데 나랑 아직 소통이 잘 안 되어서 스타일이 아직 만족스럽지 않는거야! 곧 괜찮아질거야!' 같은 생각으로 말이다.

기능적인 만족도 당연히 중요하지만 기능을 만들어내는 사람이 마음에 들고 안 들고에 따라 재방문의 기회 여부도 결정된다는 것을 알 수 있다.

사람은 단순히 본 것만을 기억하지 않는다

그렇다면 사람은 의사결정을 어떻게 하고 또 결정에 영향을 주는 요소는 무엇일까? 1985년 미국의 심리학자 로버트 와이어 교수의 '판단 이론(Judgment Theory)'에서 이 답을 찾을 수 있다. 사람은 '기억'이란 것을 할 때는 단순히 빈도가 중요한 것이 아니라 빈도와 함께 '판단'이 섞이면 더 잘 기억한다는 이론이다.

우리에게는 기억을 구성하는 최소 단위인 '기억 저장소(Storage Bin)'가 있는데 이 저장소 하나하나의 그릇(Bin) 안에는 논리와 감성이 담겨 있다. 이 논리적 기억을 구성하는 저장소 그릇은 '속성(Trait)'이라 하고, 감성적 기억을 구성하는 저장소 그릇은 '평가(Evaluation)'라 한다. 속성은 말 그대로 기억을 구성하는 세부 내용을 말하고, 평가는 그 속성을 보고 판단하는 감성적 판단을 말한다. 이 감성적 판단을 우리는 '좋다', '안 좋다'와 같은 긍정적, 부정적으로 평가하는 것이다.

즉, 수많은 헤어디자이너 중에 A라는 디자이너가 헤어디자인을 잘한다는 것은 '속성'이고 이 잘한 디자인이 나랑 맞는지, 디자이너는 괜찮았는지 매우 빠른 시간 내 '평가(좋다, 안 좋다)'하고 이렇게 한 평가를 바탕으로 '최종 판단(계속 오고 싶은 곳이다, 다시 안 온다)'이 이루어지면 '기억'이 완성되는 것이다.

첫인상을 무시할 수 없는 이유

사람은 여러 수십 가지 감정이 있지만 이 감정들은 결국 '좋다', '싫다' 두 가지 감정으로 수렴된다. 한 여자가 소개팅에 나갔다. 키는 183, 몸의 비율은 8등신, 적당히 그을린 건강한 구릿빛 피부, 말끔한 슈트 차림의 남자가 목소리와 매너, 태도도 이상적으로 완벽하다.

그런데 함께 식사하다가 컵에 담긴 물을 내 쪽으로 엎지르는 실수를 해버렸다. 나에게 물을 엎지른 이 남자, 과연 좋을까? 싫을까? 결론은 일단 완벽한 외모와 태도라는 '최초 정보'가 들어오고 이 최초 정보가 내 스타일이어서 '좋다'고 이미 판단을 내렸다면 그 이후 들어오는 '실수'의 정보들은 어느 정도 용서가 된다.

이렇듯 어떠한 상황을 대면했을 때 첫 판단이 결정되고 그 이후에 새롭게 들어오는 정보까지 처음 판단과 통합되는 효과를 '통합효과(Integration)'라고 한다.

물을 엎어도 멋있고 다음 약속에 좀 늦더라도 이 사람은 용서가 되는 것이다. 우스갯소리 같지만 비즈니스에서도 이런 일들이 부지불식간에 벌어지고 있다. 사람은 '감정적 판단'을 하기 때문이다. 이 감정적 판단은 여러 가지 논리를 앞서게 된다.

경력이 부족하고 모발의 길이를 조금 다르게 커트한 헤어디자이너를 다시 찾아가 디자이너에게 또 한번의 기회를 더 주는 고객이 있는 것도 모두 이런 이유에서다.

"○○ 선생님은 인성도 좋고 머리도 잘해. 그런데 거리가 너무 멀고 다른 디자이너들보다 커트비가 만 원이나 더 비싸지 뭐야~ 그래도 ○○ 선생님한테 머리를 하면 기분도 좋아지고 몇 달은 머리 걱정 안 해도 되니까 또 가야지!"

여기서 최초 정보는 '○○ 선생님은 인성도 좋고 머리도 잘해'고 이에 주어진 논리는 '거리가 너무 멀고 비싸'가 된다. 판단은 거리가 멀고 다른 디자이너보다 만 원이 비싸도 결국 그 사람에게 가면 '좋다' 그래서 계속 가겠다는 것이다.

예약한 시간에 갔지만 대기시간이 조금 더 있었다든지 오늘 만난 스태프의 샴푸 스킬이 마음에 안 들었다든지 하는 헤어숍에서 생긴 또 다른 불편한 논리들은 '좋다'라는 감정적 판단과 함께 '○○ 선생님은 인성이 좋고 머리도 잘해'라는 최초 정보에 흡수되어버리고 '좋다'는 것만 결론으로 남는다. 실제로 헤어숍 현장에서는 고객이 디자이너를 인간적으로 정말 좋아하면 디자이너의 디자인적인 오류나 소소한 실수에 화를 내거나 강한 불만을 제기하지 않는다.

"오늘은 선생님이 몸이 피곤한지 길이를 조금 못 맞췄네? 다음에 가면 다시 길이를 맞춰달라고 해야겠다", "아까 바빠서 그랬는지 집에 와보니 앞머리가 살짝 긴 것 같네. 내일 점심시간에 잠깐 가서 다시 맞춰달라고 말해야겠다", "미용실 스태프가 오늘따라 샴푸 시간이 조금 짧았던 것 같네. 다음에 가면 좀 더 시원하게 오래 마사지해달라고 말해야겠다"처럼 상대방을 신뢰하고 좋아하기만 하면, 돈을 지불하는 고객이라도 불편한 일정 부분을 감수하면서까지 직원을 배려하게 된다.

감정은 논리를 앞선다

고객은 우리를 다른 헤어숍과 비교하며 꽤 신중한 태도로 논리적 가면을 쓰고 선택과 의사결정을 하지만 현장에서 사람과 사람이 만나는 순간에는 논리보다 감정이 우선시된다. 숍의 분위기와 직원의 말씨와 태도를 보고 서비스와 제품을 감정적으로 좋은가 싫은가로 바로 판단하는 것이다.

더불어 의사결정을 한 뒤에는 본인의 감정을 유지하려고 노력하기까지 한다. 그러므로 오프라인 비즈니스를 할 때는 헤어디자이너가 헤어디자인을 잘하는 것과 같은 기본이 되는 기능과 논리에 대한 준비는 당연히 하되, 우리와 우리가 서비스하는 모든 것을 고객이 논리보다 감정적으로 좋아할 수 있도록 해야 한다. 왜냐하면 이것이야말로 인간의 의사결정을 좌우하는 정보 처리의 선택 메커니즘이기 때문이다.

02 —

마음을 움직이는 작은 선물을 하라

〈위 아 더 월드〉의 혜택이 다른 나라로 간 까닭

1985년의 팝 역사상 특별한 음악이 하나 만들어졌다. 마이클 잭슨(Michael Jackson)을 비롯해 퀸시 존스(Quincy Jones), 조니 미첼(Joni Mitchell) 등이 힘을 합쳐 아프리카 난민을 위해 '위 아 더 월드(We are the world)'라는 음악을 만든 것이다. 이 음악을 연주한 공연은 전 세계로 중계되며 147개국 15억 명이 시청했고, 이로 인해 700만 장의 음반 판매 대기록을 세우며 7,000만 달러가 모금되는 기록을 세웠다.

이들은 에티오피아 난민을 돕기 위해 이 프로젝트를 시작하였다. 에티오피아는 1974년부터 기근이 시작되어 1980년대 초반까지 수십만 명이 굶어죽었고, 수백만 명의 난민이 발생했다. 특히 1984년과 1985년 사이에는 극심한 가뭄이 이어져 에티오피아 난민의 참상은 극에 달할 정도였다.

그런데 에티오피아의 참상이 세상에 알려져 세계인이 에티오피아를 지원하는 시점에서 매우 특이한 일이 하나 발생한다. 그것은 에티오피아가 멕시코에 5,000달러의 재난 구호 자금을 보낸 것이다. 멕시코가 에티오피아에 구호 자금을 보낸 것이 아니라, 기근에 시달리고 있는 에티오피아가 멕시코에 구호 자금을 보냈다는 것이다. 1985년에 멕시코에서 큰 지진이 발생했는데, 그 희생자들을 위한 구호 자금으로 에티오피아는 5,000달러의 구호 자금을 보냈다. 자국 국민들이 굶어 죽어가고 있는데, 자국민들이 먹을 음식을 사기에도 모자란 돈을 다른 나라에 구호 자금으로 보냈다는 것이다.

에티오피아는 왜 그런 선택을 했던 것일까? 그건 에티오피아가 멕시코에 마음의 빚이 있었기 때문이다. 1935년 2차 세계대전 중 에티오피아가 이탈리아의 침략을 받아 어려운 상황에 처했다. 그때 멕시코가 에티오피아에 원조를 보내준 것이었다. 큰 금액은 아니었지만 에티오피아에는 큰 도움이 되었다. 이때 너무나 고마움을 느꼈던 에티오피아는 보은의 기회를 기다렸고, 이번에 지진으로 힘들어하는 멕시코에 5,000달러의 구호 자금을 보내기로 결정하며 감사의 뜻을 내비쳤다.

- 신병철, 《더 좋은 해답은 반드시 있다》, 21세기북스, 2015

이것이 바로 역사 속에서 일어난 '상호성 효과'다. 사람은 하나를 받고 나면 다시 주는 성향이 증가하는 것인데 일종의 마음의 빚이 생겨 언젠가 그것을 보답하려 한다.

'가는 말이 고와야 오는 말이 곱다'라는 우리 속담에도 이 의미가 잘 묻어나듯 우리나라처럼 '정'을 중요시하는 집단주의 문화일수록 긍정적 또는 부정적으로 이 법칙이 많이 작용한다. 그런데 여기서 흥미로운 것은 큰 선물보다는 작은 선물이 상호성의 법칙이 더 효과적이라는 것이다.

우리 동네 중국집의 장사 비결

우리 동네에 수타면을 아주 잘하는 중국집이 있다. 수타면이라는 홍보 때문인지 오픈 날부터 몇 달간은 손님이 많아 먹을 기회가 없었다. 석 달쯤 지났을까? 이날도 역시나 조금 기다린 후에야 매장에 자리가 났다. 남편과 나, 아이 이렇게 셋이서 들뜬 마음으로 들어갔다. 들어가는 순간부터 음식을 먹어보기도 전에 '아! 여기 메인은 수타면이 아니구나!'를 직감적으로 느꼈다.

그 이유는 부모보다는 아이에게 관심을 두고 서빙하는 매니저가 눈에 확 들어왔기 때문이다. 목소리도 시원시원하고 자신감 있게 느껴졌다. 매니저는 처음 보는 우리에 대한 정보를 내게 묻지 않고 아이에게 질문한 뒤 답은 엄마인 내가 하는 형식으로 1분 정도의 짧은 시간에 즐겁고 자연스럽게 우리에 대한 신상 정보를 완벽히 모았다. 그런 후 주문할 시간이 되었는데, 보통 어린 4~5세 아이를 데리고 식당에 가게 되면 어른 수에 맞춰 주문할지 아니면 아이 메뉴를 따로 시킬지 고민하게 되는데 이 매니저는 고객이 고민하는 이 부분을 귀신같이 읊어주었다.

"고객님, 로운이 짜장면 잘 먹어요?"

"네. 아주 잘 먹어요."

"아, 그러면 로운이도 짜장면을 먹을 거라면 로운이 메뉴는 주문하지 않으셔도 돼요. 넉넉히 챙겨드릴 테니 부모님 드실 메뉴만 주문해주시면 될 것 같아요."

서비스업에 종사하는 나는 이 부분이 너무 감동이었다. 처음 본 아이의 이름을 까먹지 않은 것도 그랬지만, 더 많은 메뉴를 주문하면 매장에 이익일 텐데 눈앞의 이익보다는 고객의 소비를 절감해줬기 때문이다. 식사 중에도 잔잔한 고마움은 계속 이어졌고 감동의 끝은 이게 아니라 마지막 퇴점할 때였다.

"로운이 짜장면 맛있게 먹었어? 지나가는 사람들이 로운이 뭐 먹고 나왔는지 다 알겠다. 혹시 로운이 야쿠르트 좋아해?"

고개만 끄덕끄덕하는 아들에게 매니저는 야쿠르트 하나를 건네주었다. 중국집에서 후식으로 야쿠르트를 건네받는 것이 무슨 대수냐고 할 수도 있겠지만 나는 너무 기분이 좋았다. 그러면서도 궁금했던 게 왜 우리 바로 앞에 나간 아이한테는 야쿠르트를 챙겨주지 않았을까 하는 것이었다.

이후에도 기분 좋게 여러 번 방문하다가 실례가 되지 않는 선에서 매니저에게 어떻게 그렇게 고객에게 편안하고 유연하게 잘하는지, 왜 나갈 때 누구는 야쿠르트를 주고 누구는 안 주는지 등 궁금했던 것들에 대해 질문했다. 매니저의 대답은 명쾌했다.

"고객이 드시고 나간 자리를 정리하다 보니 10명 중 8명은 음식이 남았어요. 처음에는 우리 음식이 맛이 없어서 그런가 싶었는데 알고 보니 아이가 한 명 더 왔으니 인원수에 맞춰 주문하신 거였어요. 그렇다는 걸 알게 된 후 아이들이 오면 대체로 짜장면을 좋아하니깐 아이들이 먹을 양만큼 따로 그릇에 담아 서비스로 드리기 시작했어요. 그랬더니 거의 모든 고객이 좋아하시고 음식도 많이 안 남기시고 일거양득이었어요. 그리고 야쿠르트는 거의 모든 아이에게 주고 있는데 아마 안 가져간 친구는 알레르기가 있어서 제가 다른 걸로 챙겨줬을 거예요."

20대 초반의 이 매니저는 프로였다. 간단한 질문을 아이에게 하면서 부모로부터 사적 정보를 수집했고 음식을 다 먹은 고객의 자리를 정리하면서 고객의 작고 애매한 불편한 진실을 알아차리고 상황에 맞는 작은 선물까지 준비했던 것이다.

선물은 기대하지 않았을 때 더욱 빛난다

이처럼 고객이 '기대하지 않았던 작은 선물의 효과'는 '나의 사적 정보'와 닿아 있을 때 더 큰 감동과 효과를 불러올 수 있다. 에티오피아가 멕시코에 기대하지 않았던 선물로 감동을 주었던 것처럼 우리 동네 수타면 집의 매니저는 야구르트에 알레르기가 있는 아이와 좋아하는 아이의 '사적인 정보'를 기억하고 있다가 아이에게 맞춤한 디저트를 나누어주었다. 게다가 대부분 아이들 이름까지 기억하고 있었다. 고객이 올 때마다 불편하지 않은 수준에서 알아차려주기란 생각보다 어렵지 않다. 그러나 그 작은 기억이 고객에게 주는 감동은 매우 크다.

일본 후쿠오카현 기타큐슈에는 'BAGZY'라는 25년 된 헤어살롱이 있다. 90명이 넘는 직원이 근무하는 이곳은 직원이 만족할 수 있는 자주 활성화 경영으로 지속 성장하고 있는 살롱 가운데 한 곳이다. BAGZY 나카마점의 점장인 카쿠 모토키(加来元喜 店長)는 1년 이상 살롱을 방문하지 않고 있는 휴면 고객들에게 연락을 하고 싶었고. 단 한 명의 고객이라도 다시 찾아주길 간절히 바랐던 그는 도장 만드는 법을 배워 음각(평평한 면에 글자나 그림 따위를 안으로 들어가게 새기는 일)으로 한 명, 한 명 고객의 얼굴을 떠올리며 고객의 이름으로 된 도장을 하나씩 만들기 시작했다.

몇 달의 작업 끝에 완성된 도장과 함께 보낼 편지 위에 손수 만든 도장을 찍어 정성스럽게 고객들에게 보냈다. 그로부터 얼마 후 떠난 고객들이 다시 그를 찾아왔다. 이 이야기는 일본 헤어디자이너들 사이에서 꽤 유명한 일화다.

선물은 크기보다 마음을 담아야 한다

우리는 모두 '인간관계'로 연결되어 있다. 선물은 사람 간에 관계 맺기를 시도하거나 유지하기 위해 또는 마음을 담아 하는 일종의 표현이다. 의식적으로든 무의식적으로든 우리는 '선물'이란 명분으로 무언가의 호의를 받았을 때 무척 특별해진다는 느낌을 느낀다. 특히 여러 선물 중 위 사례들처럼 생각지도 못한 '작은 선물'은 상대방에게 마음의 빚을 지운다.

사람들은 물질적인 빚보다 마음의 빚을 더 크게 생각하는 경향이 있으며 특정한 순간이 오면 이것을 갚으려 노력을 한다. 특히 큰 선물보다는 작은 선물이 사람의 마음을 움직이는 데 생각보다 큰 영향력을 가진다. 그 이유는 큰 선물은 상대방의 머리를 움직이지만 작은 선물은 상대방의 감정, 즉 마음을 움직이기 때문이다.

아이가 먹을 짜장면 1/3그릇, 아이의 상태를 고려한 야쿠르트, 정성이 들어간 편지, 고객을 떠올리며 새긴 공들인 도장과 같은 선물을 받는다면 어떤 생각이 들까? '이 사람의 흑심이 뭐지?'라는 생각보다 '참 고맙고 따듯하다', '참 좋은 사람이다'라는 느낌이 들 것이다. 그리고 이 느낌과 함께 나의 마음도 움직이게 될 것이다. 비즈니스를 하면서 고객의 마음을 얻고 싶은가? 그렇다면 작고 의미 있는 선물을 하자. 선물은 크기보다 마음이 중요하다.

03 ——— 불편한 진실을 말하는 방법

불편한 진실을 말하는 방법

"고객님~ 다음에는 평일에 오세요!"

리더의 역할 외에도 비즈니스 현장의 상황이 항상 좋은 것만은 아니다. 직원의 수가 충분해서 고객들이 한꺼번에 몰리더라도 유연하게 응대하고 대처할 때가 있는가 하면 손이 부족해서 몇 되지 않은 고객들의 응대에도 전전긍긍할 때도 있다. 이렇게 시시각각 변하는 현장 안에서 부정적인 상황에 처했을 때 우리는 어떻게 현명하게 대처할 수 있을까?

몇 년 전 속초에 롯데 리조트가 멋지게 완공되었다는 기사를 접하고 여유가 되면 꼭 한번 가보고 싶다는 마음이 있었다. 그래서 주변 경관도 멋지고 이름 있는 회사가 시공도 했길래 딱히 다른 여건들을 알아보지 않고 예약을 하고 갔다.

바쁜 회사 일로 아주 오랜만에 남편과 아이와 함께하는 가족 여행이었다. 주말은 아니었지만 평일과 공휴일이 겹친 연휴였고 그래서인지 리셉션부터 대기가 오래 걸렸다. 한참을 로비에서 보내고 숙소에 짐을 내려놓기가 무섭게 허기가 져서 우리 가족은 서둘러 뷔페식당으로 갔다.

평소 미용업을 하면서 밥 먹는 횟수보다 굶는 횟수가 더 많은 편이었고 식사를 한다고 해도 초, 분을 다투며 흡입하는 수준으로 먹으면서 오래 일해왔기 때문에 이렇게 쉬는 날이면 시간의 구애 없이 조금은 천천히 여유로운 시간을 가지고 싶었다. 그러나 식사를 위해 들어간 레스토랑은 너무 분주해 보였고 일하는 사람들은 매우 허둥지둥 움직이고 있었다. 곳곳에 음식이 덜 채워진 메뉴도 많았고 4성급 리조트라고 하기엔 너무도 형편없었다. 나도 헤어숍 오픈을 해보았기에 오픈한 지 얼마 안 된 리조트라 '직원 관리가 좀 덜 되었구나' 하고 속으로 생각하며 위안 삼았다.

그렇게 접시를 들고 왔다 갔다 여러 번 하다가 내 서비스 정신에 발동이 걸렸다. 음식을 무겁게 들고 온 젊은 웨이트리스에게 "감사합니다. 공휴일이라 손님이 많네요!"라고 나도 모르게 대화 멘트가 흘러나온 것이다. 같은 서비스업이라 상황이 공감되었던 것 같다. 그런데 그 직원이 생각지도 못한 답변을 했다. 나는 지금도 그 대답이 잊히지 않는다. 그 직원은 퉁명스러운 말투로 "네, 고객님! 다음엔 평일에 오세요."

나는 순간 내 귀를 의심했다. 이건 무슨 상황이지? 너무 어이가 없어서 한동안 할 말을 잃었다. 평일에 오라니, 그것도 저렇게 퉁

명스럽게! '나 바쁘니까 말 시키지 마세요!'를 아주 대놓고 온몸으로 표현하고 있었다.

나는 그 직원에게 응대 교육을 좀 단단히 해주고 싶었다. 그러나 기분 좋게 온 여행을 기본이 안 된 사람으로 인해 망치고 싶지 않았다. 그 회사도 이 여직원에게 그렇게 응대하는 법을 가르치진 않았을 것이다. 그리고 그 여직원도 일부러 그랬던 것이 아니란 것도 안다. 하지만 가장 바쁘고 정신이 없을 때 비즈니스는 그 진가가 드러난다.

언제 얘기를 꺼낼까?

헤어숍도 100퍼센트 사람이 수작업으로 가치를 생산해내는 일이다. 외식업의 메뉴만큼이나 시술 메뉴도 많고 준비해야 할 크고 작은 도구들도 무척 많다. 모발이 약제에 화학반응을 일으키는 시간이 고객마다 다 다르기 때문에 예상되는 작업 시간보다 오차가 발생하기 십상이다. 그럴 때마다 예약하고 오신 고객들의 대기시간도 의도치 않게 늘어나게 되고 혹여나 스태프가 부족하기라도 한다면 그야말로 진퇴양난이 다름없다.

이러한 불편한 상황을 고객에게 언제 설명하면 가장 좋을까? 언제 설명하면 위기의 순간에도 고객이 나를 좋아하게 만들 수 있을까? 이 흥미로운 주제를 듀크 대학교의 에드워드 존스(Edward Jones)교수가 연구했다. 결론부터 말하자면 불편한 진실은 무조건 처음부터 얘기하는 것이 훨씬 더 효과적이라는 것이다.

예를 들어 고객이 예약하고 방문을 했음에도 불구하고 기다리게 만들어야 하는 상황이라면 상당히 민망하다. 이때 성격상 또는 상황적으로 말하기 불편해서 속으로 '아! 얼른 하던 것부터 해 놓고 빨리 해드려야지' 하고 겉으로는 아무 설명 없이 자신이 하던 일만 계속 열심히 한다고 가정해보자. 고객은 과연 어떤 마음이겠는가? 당신이 고객이라면?

속초의 그 리조트 직원도 기다리는 고객들을 향해 가벼운 목례를 하면서 "기다리게 해서 죄송합니다. 3분 안에 맛있게 조리된 음식 제가 가져다드릴게요" 하고 방긋 웃었다면 기분 좋게 여행 온 여행객들이 뭐라고 할까? 거기다 대고 "아니요~ 지금 바로 가져다 주세요"라고 했을까? 절대 아니다. 되려 '바빠도 저렇게 신나고 즐겁게 일을 하는구나, 일을 굉장히 자신감 있게 하는구나' 하고 기분 좋게 기다릴 것이다. 설령 그 시간이 약속한 시간을 조금 초과해도 말이다. 일단 좋아지고 나면 논리는 사라진다. 그리고 그 상황이 이해가 된다.

무조건 처음부터 얘기하라

그렇다면 현장에서는 어떻게 해야 할까? 무조건 나의 불편한 진실은 사전에 이야기하는 것이 좋다. 죄송한 느낌이 충분히 묻어나는 '뉘앙스'로 조심스럽지만 적극적으로 이야기한다. 예약 시간보다 더 대기한 후에 서비스가 들어가는 민망한 상황일지라도 먼저 말씀드려야 한다.

"고객님~ 예약하고 오셨는데 죄송합니다. 대기시간이 조금 필요합니다. 이후 시간 괜찮으세요?" 먼저 알려드리면 더 기다리실지 아니면 좀 언짢아도 다음에 다시 오실지를 고객이 결정할 수 있다. 아무 말 않고 대기 중인 상황이 고객의 소중한 시간을 더 잡아먹는 길이다. 미리 말한다면 솔직한 사람이 되지만 나중에 얘기하면 상황을 숨기는 사람이 된다.

일할 때 서비스하는 사람의 성격과 현명한 응대는 아무 상관이 없다. 프로는 가장 혼잡스러운 날에도 바쁜 모습을 고객에게 보이지 않고 고객들이 최대한 편안할 수 있도록 응대하는 방법을 분명히 알고 있어야 한다. 그리고 그것이 마치 나의 원래 행동인 것처럼 자연스러워야 한다. 입사한 지 얼마 안 되어 잘 모른다면 미친 듯이 연습을 해서라도 시행착오를 줄여야 한다. 현장은 살벌한 전쟁터다. 돌아간 고객의 마음을 얻기란 그 어떤 일보다 어렵다. 잊지 말자! 고객은 솔직한 사람을 더 좋아한다.

04

환자를 죽이는 의사가 되지 마라

나의 지식과 경험 속에 잠들지 마라

'벼는 익을수록 고개를 숙인다'는 속담이 있다. 겸손에 대한 경각심을 일깨워주는 속담이다. 2016년 서울 어느 성형외과에서 환자가 시술 도중 과다출혈로 사망하는 사건이 보도된 적이 있다. 안면 윤곽 수술을 시행하는 과정에서 다량의 출혈이 발생한 것을 확인하고도 후속 조치를 미흡하게 한 결과 환자는 과다출혈로 심정지에 빠졌고, 결국 사망까지 이르렀다.

의료대학과 의료 현장에서 수십 년간 환자를 대하고 엄청난 양의 실전 경험이 있는 전문가가 왜 이런 오류를 범하는 걸까? 심리학 전문가들은 이런 경우 '지식 착각(illusion of knowledge)'이 일어났을 가능성이 있다고 말한다. 지식 착각이란 전문 지식이 많을수록 자신의 경험과 지식을 과신해 오히려 실수를 범할 가능성이 증가하는 경향을 말한다. 〈지식 착각, 많이 알면 자신감은 높아질지 모르겠지만 정확도는 떨어진다(The illusion of knowledge: When more information reduces accuracy and increases confidence)〉(Crystal C. Hall 외, Princeton University, 2005)라는 논문도 있다.

모발도 녹으면 사망이다

뷰티 업계를 소재로 한 방송 작품들이 그리 많지는 않지만, 몇몇 관련 방송들을 보면 이 업계가 아주 화려하게 조명되어왔다. 그 중 패션 업계가 가장 많이 다루어졌고 헤어 관련 방송은 거의 보지 못했다. 겉으로 보이는 헤어숍의 일상은 모발을 자르고 다른 모발과 잇고 약을 바르고 헹구고 기계를 이용하고 샴푸 후 헹구면 스타일이 만들어져 있다.

그러나 이렇게 간단하고 편안해 보이는 이면에는 마치 물 위의 오리처럼 표정은 웃고 고객을 응대하면서도 머릿속은 분, 초를 계산하며 긴장을 절대 놓지 못하는 노력이 있다.

그 이유는 바로 미용인들은 산성과 알칼리성의 성질을 지닌 약제들을 중성 성분의 제품과 함께 다루기 때문이다. 아주 강한 산성은 취급하지 않지만 PH(수소이온농도)4 정도의 산성 펌 또는 산성 컬러제를 반복적으로 사용했을 때 일어나는 모발의 강직성과 보통 펌의 PH8~11 or 12까지의 염색약을 이용했을 때의 모발의 팽윤성을 항상 의식해야 한다.

이러한 약들의 특징과 성질을 미용인이 제대로 이해하고 있지 못하면 시술 내내 본인 스스로 노심초사할 것이며 시술 후에도 고객이 원하는 결과를 내기는커녕 몇 년 동안 고객이 정성껏 길러왔던 모발을 단숨에 잘라내야 하는 상황도 온다. 이것이야말로 다시 재생이 불가한 상황이다. 사람처럼 죽은 모발도 다시 살릴 수 없다. 다시 말해 생명에 직접적인 영향은 주진 않을지라도 고객 입장에서는 의사가 주도면밀하지 않아 환자를 죽이는 것과 미용인이 같은 태도로 모발을 죽이는 것은 동일한 의미일 수 있다.

실수는 실력이 아니라 태도에서 나온다

모발을 치명적으로 손상시키는 것은 절대적으로 고객들만의 실수가 아니다. 얕은 지식으로 고객의 모발을 다루는 미용인들의 영향도 가끔 있다. 하지만 내가 말하고 싶은 미용인의 실수는 '지식의 부족'이 아니라 바로 '거만한 태도', 즉 '겸손하지 못한 태도'에 있다. 겸손하지 않으면 고객의 말이 들리지도, 고객의 모발이 보이지도 않기 때문이다.

미용인은 사람들에게 보이는 것 이상으로 아주 다양한 전문 기술을 필요로 하는 직업이다. 모발 생리학부터 피부 이론, 펌의 원리, 염색의 원리, 약재의 특성, 케어 전반적인 이론과 각각의 시술에 필요한 여러 가지 커트와 스타일링 테크닉까지 더해지면 그야말로 인턴 3년으로는 턱없이 부족하다. 디자이너 10년 차라 할지라도 각각의 카테고리를 하나씩 반복적으로 마스터하지 않는다면 다 잘할 수 없는 분야가 바로 미용업이다.

유럽이나 미국의 경우 이미 미용인을 컬러리스트와 스타일리스트로 직업 자체를 구분하고 한 분야만 담당하게 나누어놓은 것을 보면 우리나라 디자이너들의 두뇌와 손기술이 정말 탁월한 것이다. 그리고 헤어숍 현장에서는 이런 모든 지식과 기술이 조금 부족하더라도 개인의 태도가 겸손하다면 고객의 귀한 모발을 죽이면서 마음을 무너뜨리는 실수를 하는 사람은 거의 없다.

일반적인 미용인이라면 거의 스태프와의 소통 부족이나 타이밍을 놓친 오버타임 정도로 실수의 치명도가 낮다. 그러나 아주 가끔 경력이 꽤 있음에도 불구하고 '지식 착각'으로 치명적인 실수를 하는 디자이너는 대부분이 지식이나 테크닉의 부족이 아닌 개인의 태도에 그 원인이 있다. 경력 있는 척, 단골이 많은 척, 아는 척, 바쁜 척, 할 수 있는 척, '척하기'를 하다가 되돌릴 수 없는 실수를 하는 것이다.

"안 봐도 다 알아요, 고객님"

꽤 세련된 50대 후반의 사모님이 A디자이너에게 머리를 한 적이 적이 있다. 이분은 소위 우리가 알고 있는 사모님 머리, 즉 짧게 층을 내고 꼬불거리는 펌 디자인에 구불구불한 드라이를 원하는 고객이 아니라 짧은 아나운서 머리에 드라이로 볼륨이 가득한 거의 생머리 스타일을 원했다.

고객의 표현에 의하면 A디자이너는 정성스럽게 인사도 하지 않았고 상담은 하는 둥 마는 둥 하며, 고객이 가지고 온 스타일을 한눈에 훑으며 '할 줄 안다, 내겐 문제없다'라는 식의 대답으로 마무리하고 시술에 들어갔다.

이 시술을 한 날 오후, 담당 헤어숍 지점장으로부터 연락이 왔고 자초지종을 듣게 됐다. 듣는 내내 뒷골이 당기고 그 디자이너의 얼굴이 내 눈앞을 막았다. 지점장이 하는 얘기만 들어도 고객 모발 상태는 안 봐도 비디오였다. 25센티미터 정도였던 모발의 단발 기장은 15센티미터로 짧아져 있었으며 모발은 알칼리 약제에 녹아 뿌리로부터 5센티미터 이하 모발이 옥수수수염을 물어 담가놓은 것처럼 미끄덩거리는 상태였다. 결과는 최악이었다. 처음 상황은 이랬다. A디자이너와 B고객이 상담할 때 고객이 먼저 물었다.

"제 머리 상태로 이런 디자인이 나올 수 있나요?"

"그럼요, 지금보다 층을 좀 더 내고 굵은 웨이브를 하면 되죠. 지금은 길이가 너무 길어요."

"그런데 다른 곳에서는 제가 여러 번 얘기해도 잘 안 된다고들 하던데 가능한 거 맞아요?"

"저는 좋은 영양제를 추가하면서 펌해요. 손상 많이 안 될 거고, 이렇게 하시면 가격은 얼마입니다. 하시겠어요?"

이 순간 '하시겠어요?'가 압권이다. B고객 옆에는 이미 4~5명의 고객이 자리에서 시술을 받는 상황이었고 이 B고객은 자신이 지금

이 순간 거절한다는 것은 시술 금액이 너무 비싸서 안 하는 것 같은 분위기여서 거절하기가 두려웠다고 했다. 결국 울며 겨자 먹기로 시술은 시작됐다.

이 A디자이너의 오류는 정확한 모발 진단을 하지 못했다는 것과 고객이 원하는 결과와 실제로 나오는 시술의 결과 차이를 제대로 판단해 이를 설명하지 않았다는 것이다. 고객은 많은 새치로 나이보다 더 나이 들어 보이는 것이 콤플렉스라 2주에 한 번 새치 커버 염색을 집에서 하는 분이었다. 숍 방문 바로 직전에 염색을 한, 전체 자연 갈색 모발이었다.

셀프 염색의 경우 헤어숍에서 하는 염색보다 훨씬 더 자주, 그리고 경계를 넘어선 염모제의 터치, 방치 시간 오버타임, 약제의 선정 미흡, 염색 후 모발과 두피에 내재해 있는 잔류 알칼리 제거 부족 등 여러 가지 손상 요소가 있다. 미용인은 이런 과거 시술의 히스토리를 잘 경청한 후 의사처럼 정확한 진단을 내리고 현재 모발과 두피 상태에 맞는 정확한 처방을 내렸어야 했다.

그런데 A디자이너는 이미 약해질 대로 약해진 모발에 가장 강한 약을 발라 원래 해왔던 관성의 법칙 그대로 펌을 하고 마무리 단계도 스태프들에게 맡겼다. 정말 정성이라고는 찾아볼 수도 없는 거만 덩어리 그 자체였다.

이처럼 겸손하지 못한 태도에서 오는 헤어디자이너의 '척하기'의 결과가 단순히 모발의 기장에만 영향을 주는 것일까? 절대 그렇지 않다. 피해를 본 고객들은 그 비슷한 모발만 봐도 담당 디자이너의 태도를 곱씹고 원망하며 다시 스타일을 되찾기까지 거울을 볼 때마다 온갖 스트레스를 받으며 꽤 오랜 시간 동안 골머리를 앓게 된다.

사람은 어떤 사람을 원초적으로 좋아할까?

우리는 일할 때 어떠한 사명으로 일을 하는지 스스로 알고 있어야 할 필요가 있다. 왜냐하면 그것이 플러스 혹은 마이너스로 사사건건 나의 생활 속에 드러나기 때문이다. 나의 내면 상태가 외면으로 드러나는 현상이 '태도'이며, 우주는 이것을 '상응의 법칙'이라 일컫는다. 마치 거울에 비친 내 모습처럼 나의 내면이 외부로 그대로 상응된다는 뜻이다. 과연 내가 어떤 마음가짐이어야 고객들은 나를 프로처럼 바라봐주고 나를 좋은 사람, 참 괜찮은 사람이라고 생각해줄까?

2초 만에 결정되는 나의 첫인상에 영향을 주는 외적인 스타일도 물론 너무나 중요하지만 밝은 인사와 겸손한 태도는 그 외적인 스타일을 분명 압도할 것이다. 외모가 탁월하게 수려해도 내면의 겸손과 감사가 없다면 지금 당장 영업이 잘된다고 하더라도 기뻐할 이유가 없으며, 내면의 겸손과 감사가 있고 실력이 있는데도 불구하고 지금 당장 원하는 결과가 나오지 않는 거라면 낙심할 이유가 없다.

세일즈를 하거나 배우는 사람들에게 유명한 법칙이 하나 있다.

바로 1대 250의 법칙이라 불리는 조 지라드(Joe Girard, 세일즈맨) 법칙이다. 한 명의 고객을 한 사람으로 보는 게 아니라 250명의 고객이라고 생각하고 대하면서 고객 한 명, 한 명에게 감동을 준다면 250명의 잠재고객을 불러들일 수 있다는 의미다. 우리는 이 사실을 늘 기억해야 한다.

05 ——

비슷하면 끌리고 끌리면 좋아진다

세 살 아이들도 아는 '유사성 이론'

아들 로운이가 세 살 때의 일이다. 로운이를 위해 또래 친구와 첫 나들이를 준비하며 내 친구 딸 서하를 초대했다. 서하는 여자아이라서 그런지 무덤덤한 로운이와는 다르게 확실히 붙임성도 좋고 애교가 넘쳤다. 과천 서울랜드에 도착한 우리는 동물들을 구경하다 늦은 점심을 먹기 위해 숲속 안에 있는 식당에 자리를 잡았다. 나는 점심을 주문하러 가고 친구가 아이 둘을 돌보기로 했다.

주문한 음식을 들고 자리로 돌아온 내게 친구는 깔깔대며 그사이 두 아이를 촬영한 깜찍한 동영상 하나를 보여주었다. 영상 속에서 서하는 콧노래를 흥얼거리며 몸을 이리저리 흔들었다. 그러자 그 모습을 본 로운이도 기다렸다는 듯이 서하의 몸짓을 쑥스러운 듯 따라 했다. 세 살짜리 꼬마 둘은 서로의 모습을 보며 방긋방긋 따라 웃었다. 또 내가 가져온 음식을 보자 서하는 물티슈를 한 장 꺼내더니 테이블을 닦으면서 신나게 엉덩이춤을 추었다. 그러고는 마주 앉아 있던 로운이에게 물티슈를 한 장 건넸다. 그러자 평소 춤추는 일이라곤 거의 없었던 로운이가 서하를 따라 물티슈로 테이블을 닦으며 서하처럼 엉덩이를 흔들어댔다.

나는 세 살짜리 아이의 행동이 무척 놀라웠다. 누가 알려주지도 않았는데 이런 미러링을 하다니! 두 아이가 사랑스러운 이유도 있었지만 이런 현상이 너무나 놀랍고 신기해서 영상을 한참이나 되돌려보았다. 나는 호기심이 발동했다. 이 영상이 '유사성 이론'을 뒷받침할 만한 자료로 적합한지 나의 마케팅 스승인 신병철 박사님께 여쭤보고 싶었고 영상을 살펴본 박사님은 씨익 웃더니 "아주 훌륭하다!"고 했다.

비즈니스와 유사성의 관계란?

유사성이란 자신과 비슷한 특징을 공유하는 상대에게 호감을 느끼고 상대를 긍정적으로 받아들이는 특성이며 인간이 사물을 판단하고 의사결정을 내리는 데 아주 중요한 역할을 한다. 비슷하다는 생각이 들면 상대에 대한 친밀도와 선호도가 높아지고 신뢰도도 증가하기 때문이다. 즉, 사람은 비슷하면 끌린다는 뜻이다.

심리학에서는 '유사성'을 매우 중요하게 연구한다. 사람들이 세상을 어떻게 판단하고 기억하고 회상해내는지 이해하기 위한 가장 중요한 요소이기 때문이다. 이렇게 중요한 유사성을 비즈니스에는 어떤 식으로 접목하는 게 좋을까? 고향이나 학연, 지연 등 사회적인 연결감의 사회적 유사성 부분과 개인의 취미, 종교, 건강, 외모, 생각, 흡연 등 경험에 공감을 둔 주관적인 유사성이 있는데 전문가들에 의하면 주관적인 유사성이 사람 사이의 친밀도와 신뢰도가 훨씬 높다고 한다. 따라서 대인관계에서 친밀도를 높이기 위해서는 "어머 등산을 좋아한다고? 나도 주말마다 즐겨하는 운동이 등산인데!", "스트레스를 명상으로 다루신다고요? 저와 비슷하시네요~ 저도 명상으로 마음을 다루거든요"처럼 작고 주관적인 부분에서 비슷한 점을 찾아 공략하는 편이 훨씬 좋다.

고객과의 유사성 찾기는 가까운 곳부터 시작하자

현장에서 매일 하루에도 수십 명에서 수백 명까지 만나는 일을 해온 나는 경력이 늘어나면서 유사성을 찾는 데에도 격이 있음을 느꼈다. "고향이 어디세요?", "어떤 음식을 좋아하세요", "빨간색을 좋아하시나 봐요", "무채색 옷을 즐겨 입으세요?" 등의 유사성을 끌어내는 질문들은 순간적인 선호도는 높일 수 있어도 고객의 마음을 오래 끌지는 못했다. 대부분의 단답형 대답이 끝나고 난 뒤에는 서먹해지는 공기만 주위에 맴돌 뿐이다.

처음 만나 어색하지만 그 불편한 시간을 극복하기 위해 애써 공감대를 찾아내고 있다는 사실을 고객은 이미 알고 있다. 그래서 노력은 고마워도 마음이 편해지는 공감대가 형성되지는 않는 것이다. 경력이 쌓일수록 나는 내가 가장 잘 아는 분야에서 공감을 끌어내는 것이 가장 좋다는 사실을 깨달았다. 그래서 헤어 부분에서 고객과 내가 경험한 공통점을 찾아내려 애쓴다.

"고객님, 지금까지 해왔던 스타일 중에 가장 기억에 남는 스타일은 무엇이었나요?"

"10년 전쯤에 단발머리를 했을 때 사람들이 잘 어울린다고 얘기한 적 있어요. 매달 다듬어야 하는 번거로움이 있긴 하지만요."

"아, 단발이 가장 어울린다는 얘길 많이 들으셨군요. 그러고 보니 턱선이 갸름해서 참 잘 어울렸을 것 같아요. 그런데 저도 지금 단발이라 단발머리를 왜 고객들이 번거롭다고 하는지 알겠어요. 머리 자를 시간도 없는데 머리는 자꾸 자라고 그렇죠?"

"맞아요. 한 달이 갔는지도 모르게 훌쩍 시간이 지나 있다니까요."

이런 식으로 고객의 말에 공감과 호응을 하면서 내가 경험하고 느끼는 것에 대한 유사성을 찾아주면 고객은 응대하는 사람이 의무적으로 하는 말이 아닌 본인과 같은 감정을 상대가 함께 느낀다고 받아들이기 때문에 시간이 얼마 지나지 않아 마음의 문을 진심으로 열기 시작한다. 유사성 찾기는 어렵지 않다. 나 자신이 고객이었을 때 경험했던 일, 매장에서 고민하고 주저했던 이야기 등을 되짚어보면 고객에게 마음으로 다가갈 수 있는 공감의 부분은 얼마든지 찾을 수 있을 것이다. 작은 유사성을 발견하고 표현하자. 유사성이 많으면 서로 좋아지고 마음도 움직인다.

06 불변의 '원칙'은 없다

고요함이 주는 선물

하루는 로운이의 친한 친구의 엄마가 놀랄 만한 일이라며 소식을 전해왔다. 이름만 들어도 대한민국 사람이라면 다 안다는 드라마 작가의 대모 김○○ 작가가 우리 아파트 1단지에 거주하고, 작은 동산과 붙어 있어서 마치 숲속에 있는 것과 같은 2단지에도 아파트를 얻어 집필실로 사용한다는 것이다. 나는 속으로 생각했다. '역시 부자는 달라~ 집필실을 이리도 넓게 사용하다니! 본집에서는 글이 잘 안 써지나?'

작가로서의 인생을 경험해보지 못한 나로서는 그저 신기하고 대단해 보였다. 그런데 옛말에 '역지사지'라고 했던가! 나는 지금 이 책 집필을 시작하면서 작가들의 마음을 이해할 수 있게 되었다. '고요함이 주는 선물'이 아이디어 발상에 엄청난 힘이 된다는 것을 말이다! 나도 그래서 나만의 집필실을 만들었다. 이 글들도 집필실에서 한 줄, 한 줄 나의 영감을 이어가며 쓴 것이다.

"고객님! 원칙적으로 그건 안 됩니다!"

나는 집과 가까운 한 비즈니스 호텔을 집필실로 정했다. 일주일에 2박 3일 혹은 3박 4일씩 고요히 머물며 외부와 차단하고 글을 완성해나갔다. 글을 쓴다는 것이 아직 익숙하지 않은 나는 온몸에 담이 올 만큼 피로했고 잠시나마 내 몸을 맡길 수 있는 침대는 나에게 아주 중요했다. 익숙하지 않은 침구라서 그런지 침대는 포근하지 않고 아주 딱딱했고 차가웠다.

나는 바로 옆 방을 청소하고 있는 메이드 님에게 이불 하나를 요청했다. 그러자 이불을 추가로 줄 수 있는 권한이 자신에겐 없다며 프런트에 직접 전화해 요청하면 기꺼이 해드리겠다 했다. 그 말을 전해 들은 나는 프런트로 전화해 가습기와 이불 하나를 직접 요청했다. 한참이 지나 남자 직원 한 명이 가습기 하나만 들고 왔고, 가습기를 내게 건네주며 그는 딱 잘라 이렇게 말했다. "고객님~ 추가 이불은 원칙상 안 됩니다!"

그러고는 내 옆 있던 메이드 님이 정황을 설명하자 기다린듯이 눈살을 찌푸렸다. 나에게는 그 모습이 '고객 입장에서 말하지 말라'는 뉘앙스의 무언의 말을 벌처럼 쏘아대며 하는 것 같았다. 전날 잠을 설치며 피곤했던 나는 친절한 메이드 님 덕분에 무척 기분이 좋았었지만, 갑자기 그 남자 직원이 한 말투와 동료 직원에게 보인 어이없는 태도에 무척 기분이 상해 한 마디 했다.

"메이드 님께 그만하시죠! 제가 이분께 부탁드린 겁니다. 그리고 '원칙'이라 그러셨나요?" 돌아오는 대답은 딱딱하게 한결같았다.

"네, 원칙상 안 됩니다 고객님!" 나는 웃으며 화답했다.

"네, 알겠습니다!" 그리고 속으로 이렇게 말했다.

'원칙 타령하며 고객 기분 나쁘게 만들지 말고 넌 서비스업 말고 다른 일이나 찾아봐라!' 나는 나의 괜한 요구 때문에 애꿎은 메이드 님이 질책 맞을까 봐 그게 더 걱정이었다.

원칙이 없는 게 아니라 마음이 없는 거다

원칙의 사전적인 의미는 '어떤 행동이나 이론 따위에서 일관되게 지켜야 하는 규칙이나 법칙'이다. 그렇다면 원칙의 반대는 무엇인가? 그것은 바로 '융통성'으로 '형편이나 경우에 따라 일을 처리하는 재주, 혹은 신축성 있게 일을 처리하는 말'일 것이다. 즉, 상황에 따른 유연한 마음이다.

이 호텔도 의도적으로 그런 직원을 뽑진 않았을 것이다. 하지만 나는 속 좁게도 그 남자 직원이 내뱉은 '원칙'이란 단어와 그가 보여준 약자에게 하는 행동 하나로 이 비즈니스 호텔의 수준 자체를 평가하고 있었다. 객실은 많고 만실도 아닌데 가져다줄 이불이 하나 없을까? 아니다, 이불이 없는 것이 아니라 애초에 가져다주고 싶은 마음이 없는 것이다. 입은 뒀다 뭐하나? 그 상황에서 좀 더 기분 좋은 설명을 하면 안 되나?

"고객님~ 잠자리가 많이 불편하셨나 봅니다. 일단 불편하게 해드려 죄송합니다. 사실 지금 바로 더 드리면 좋겠지만 저희가 여분의 이불을 많이 준비하고 있지는 않습니다. 혹시 고객님만 괜찮으시다면 똑같은 이불이 아니어도 담요를 여러 장 준비해드릴 수는 있습니다. 그렇게 해드리는 것은 어떠실까요? 제 생각에는 지금보다 상황은 더 좋아질 것 같습니다."

나 같았으면 최소한 이렇게 말했을 것 같다. 꼭 그 제품을 갖다 달라고 어린아이처럼 떼쓴 게 아니다. 호텔 내부 시스템을 알 길이 없고, 단지 이곳을 이용하면서 불편한 부분을 개선해달라는 말을 고객이 하는 것인데 그 직원은 고객의 요청 뒤에 숨은 깊은 욕구를 처음부터 알려고 하지도 않았다. 그 대신 어렵게 말한 고객의 용기를 처참히 짓밟아버렸다. '원칙'이란 단어를 써가면서 말이다.

원칙은 노하우가 아니다

비즈니스를 하다 보면 마치 원칙을 대단한 불변의 노하우로 생각하는 사람들을 가끔 만나게 된다. 특히 서비스업에서 이런 원칙을 고수하는 경우, 고객과 마찰을 종종 빚게 마련이다. 고객은 원칙을 듣고자 욕구를 말하는 것이 아니라 상황에 따른 해결책을 원한다. 이럴 때는 원칙으로 포장된 핑계 대신 솔루션을 적극적으로 찾아 제시해야 한다.

이 호텔의 매니저처럼 융통성 없이 군다면 나 같은 고객의 불만은 점점 쌓일 수밖에 없다. '융통성' 또는 '유연함'은 시시각각 변하는 비즈니스 현장에서 함께 일하는 동료뿐 아니라 고객에게도 필요한 덕목이다. 융통성이 없는 것은 단지 유연함 결여에만 문제가 있는 것이 아니다. 또 다른 관점에서 보면 문제의 의미를 제대로 읽지 못하고 겉으로 드러난 대로만 해석한다는 것이다.

엄마가 자식을 위해 아껴둔 음식을 내어주고 다른 음식을 먹을 때 '엄마는 괜찮다, 너 많이 먹으렴!'이란 얘기에 덥석 '알겠어' 하고 다 먹어버리는 속없는 자식처럼 비즈니스에서 융통성이 없으면 다양한 상황 속에서 타인의 이해나 공감은 없고 오로지 드러난 것에만 반응해버리게 된다.

'눈치 빠른 놈은 절에 가서도 새우젓을 얻어먹는다!'라는 속담처럼 숍 비즈니스를 하는 사람들, 즉 사람들과 대면하는 일을 하는 우리에게는 말과 상황의 맥락을 파악하고 그에 맞는 적절한 반응을 반드시 할 줄 아는 태도가 필요한 것이다. 고객과의 만남에서 상식 차원의 유연함은 나의 브랜드와 내 일의 가치를 올리는 필수 중의 필수 스킬이다.

3장

동기 다루기

변화의 계기를 만들어라

01 ——

모든 동기는 사랑을 먹고 자란다

계기를 알려주는 리더의 힘

흔히들 경영에 있어서 리더란 모름지기 '직원들의 동기를 유발하는 능력'이 있어야 한다고 강조한다. 사전적 의미에서 '동기유발'의 뜻을 내 나름대로 정리하자면 '의사결정이나 어떤 행위의 직접적인 원인이 되는 계기를 만들어주거나 알려주고 가르쳐주는 리더의 힘'이라고 할 수 있겠다.

리더십에서 동기는 다시 두 가지로 나누어진다. 바로 내적 동기와 외적 동기다. 내적 동기는 의사결정이나 어떤 행위의 직접적인 원인이 되는 계기를 스스로 만들어내는 힘이고, 외적 동기는 이것의 계기가 외부에서 작용해 발생하는 힘이다.

변화의 계기가 되는 동기

나는 동기를 '변화하는 계기'라고 생각한다. 다시 말해 '지원 동기, 글을 쓰게 된 동기, 부자가 되려고 마음먹게 된 동기' 등 왜 그것을 하게 되었는지, 즉 '어떤 시작의 이유'를 뜻한다고 생각한다.

나는 부유하지 않은 가정에서 태어났고, 하루도 빠짐없이 자식들을 위해 일하시는 부모님을 보며 나중에 꼭 보답해드리고 싶다는 마음을 담아 꼭 부자가 되리라 결심했다. 나에게 돈을 벌고 싶다는 외적 동기를 준 것은 '가난해도 열심히 사는 가족'이었다.

그 이후 하루 24시간을 쪼개어 새벽과 자투리 시간을 이용해 자기 계발을 하고, '사람'에 관한 공부에 몰입하며 어제보다 조금이라도 성장하기 위해 노력을 게을리하지 않았다. 내가 이렇게 살게 된 또 다른 동기는 '뷰티 비즈니스로 인간 세상을 이롭게 하자!'라는 사명을 가슴에 품기 시작하면서부터다.

그 누구도 내게 공부하라고 시키지 않았고, 강요하지도 않았다. 인생에 나만의 사명이 생기고 그에 따른 목표를 정하면서 스스로 움직였다. 이것이 '내적 동기'다. 내적 동기가 생기면 눈빛이 바뀌고 걸음걸이가 빨라진다. 지금 당장 돈이 없어도 생기가 돌고 삶의 의욕이 넘친다. 그런데 왜 나에게 이런 동기들이 유발되었을까?

그것은 바로 조건 없이 나를 믿어주고 사랑해주는 가족이 존재하기 때문이다. 그리고 '나'란 존재를 믿고 따라주는 후배들과 나의 발전에 박수쳐주며 지금 이 순간에도 나의 복귀를 기다려주시는 든든한 팬덤인 고객들 그리고 나의 성장을 누구보다 기뻐하시는 인생 스승님에 대한 은혜에 '보답'을 하고 싶기 때문이다. 다시 말해 이 모든 것이 '인간에 대한 사랑'인 것이다.

인간 대 인간으로 사랑을 주고받으며 비록 몸은 떨어져 있어도 서로를 응원해주고, 믿어주고, 아낌없는 찬사를 보내는 것에 대한 보답으로 '잘되는 모습을 보여주고 싶은 것'이 '나를 변화하는 계기'가 된 것이다.

14년이 걸려 '돌아온 아들'

그렇다면 직원들은 어떨까? 직원들은 어떤 순간에 자발적으로 일을 하고 싶어 할까? 나에게는 같은 날, 같은 시간에 전 회사를 함께 퇴사한 '퇴사 동지 제자'가 딱 한 명 있다. 그의 이름은 손범용. 우리는 14년 동안 동고동락을 함께했다. 스승과 제자 사이라 나는 그를 '아들'이라 부른다.

아들은 스태프로 입사한 후 하루가 멀다 하고 지각을 했다. 5분, 10분은 그렇다치더라도 한두 시간 지각도 비일비재했다. 모닝콜을 약속하고 전화해도 받지 않아 '혹시, 죽었나!' 싶은 마음에 기숙사로 뛰어간 적도 여러 번. 숨 쉬는 걸 확인하고 나서야 야단을 칠 수 있었다. 술을 좋아해 헤어숍에서 잠을 잘 때도 있었고 다른 스태프들보다 기술 습득도 조금 더딘 편이었다. 대신 막상 일을 시작하면 성실하고 예의 바르고 심성이 착했다. 하지만 보란 듯이 음주와 지각을 계속 반복했다. 정말 리더로서 한계를 느꼈다.

주변 선후배, 동료 그리고 리더인 나는 3년 내내 모닝콜을 자처하며 좋은 습관을 들이기에 동참했고, 그는 보답이라도 하듯 디자이너 시험에 전국 4등으로 당당히 합격했다. 우리 헤어숍 직원 모두가 환호성을 질러댔다.

하지만 여전히 디자이너가 된 후에도 그의 루틴은 어김없이 반복됐다. 너무나 어이가 없었다. 디자이너가 되면 바뀔 줄 알았거늘 그것은 나의 착각이었다. 그런데 퇴사 후 지금은 '새벽 기상, 독서, 저축, 재테크'에 동기가 생겼고 하나씩 스스로와의 약속을 철저하게 지켜나가고 있다. 내가 알고 있는 그 사람이 맞나 싶을 만큼 그는 현재 스스로 변해가고 있다.

왜 이런 변화가 일어난 것일까? 아마도 14년을 회사라는 따뜻한 울타리에 있다가 혈혈단신 진짜 세상을 마주한 긴장감과 미래에 대한 걱정과 염려가 마음 안에서 작동했을 것이다. 또 부모의 조건 없는 '사랑과 관심' 덕분에 착하게 잘 커왔고, 사회에서 만난 리더와 동료들의 대가 없는 응원과 믿음도 당연히 한몫했을 것이다. 그렇기 때문에 어쩌면 그는, 오랜 시간 자신을 믿어주는 사람들에 대한 보답으로 제대로 성장하는 모습을 보여주고 싶었을지도 모르겠다. 그가 변화되길 바라는 마음으로 나 또한 아들을 기다려준 시간이 14년이다.

'아 맞아, 나도 그럴 때가 있었는데'

한번은 강의를 하면서 어떤 리더에게 질문 하나를 받았다.

"아니, 원장님. 저는 정말 직원들한테 최선을 다해 잘해주고, 잘 성장할 때까지 계속해서 기다려주는데도 직원들은 제 속도 모르고 성장도 더디고 또 돌아서면 나갑니다. 도대체 리더는 언제까지 기다려야 하나요?"

나는 이 질문을 받고 같은 질문을 스승님께 했던 과거의 내가 떠올랐다. 그리고 스승님께서 해주신 한마디를 동병상련의 마음을 담아 그 리더분에게 전해드렸다.

"원장님~ 사람의 눈은 뒤에 있지 않고 앞에 있습니다. '앞으로의 일은 잘 보려고 애를 쓰는데 지나온 일들은 다시 돌아보려 하지 않는 것이 사람'이라고 합니다. 원장님도 스태프 시절이 있으셨지요? 모든 것을 무리 없이 잘 해오셨을까요? 아닙니다. 원장님이나 저나 선배들의 입장에서는 아마 답답했을 겁니다. 그런데도 시간이 흘러 리더를 하고 계시잖아요! 스태프들의 마인드와 기술에 속도 차이가 있을 뿐 아마 원장님처럼 지금의 스태프들도 다 성장하지 않을까요?"

그분은 한참을 말 없이 있으셨다.

그리고 시간이 좀 더 지나자 깊은 한숨을 내쉬면서 "거참, 맞네요!"라는 짧은 성찰의 말 한마디만 남기고 일어나셨다.

'단 한 명의 직원'이 있기에 리더인 내가 존재한다

만약 내가 나의 제자를 기다리지 못하고 "너는 인성은 좋은데 성과를 내야 하는 우리 조직과는 좀 맞지 않는 것 같아. 미안하지만 각자의 길을 가도록 하자!"라고 했다면 어땠을까?

나는 저 질문을 한 리더의 마음을 누구보다도 잘 안다. 나 이외에도 이 글을 읽는 다른 리더들도 아마 그 마음을 100퍼센트 공감할 것이다. 하지만 우리도 리더이기 이전에 누군가의 후배였고, 누군가의 제자였다. 나의 스승이, 나의 리더가 나를 진심 어린 마음으로 기다려주었기 때문에 지금의 내가 '리더'로 존재하는 것이다. 아마 내 속도가 좀 늦다고 다그쳤거나 매 순간 못한다고 질책하며 나를 사랑으로 대해주지 않았다면 현재 나는 어떤 조직의 선배도, 어떤 조직의 리더도 아닐 것이다.

직원들을 성장시키는 진짜 동기를 위해서는 지식을 기반으로 한 우리의 리더십도 분명 필요하겠지만 '사람'에 대한 깊은 관심과 진심 어린 '사랑'이 먼저일 것이다. 나를 리더라고 불러주는 '단 한 명의 직원'이 존재하기에 나는 '리더'일 수 있는 것이다. 한때 부족했었던 나 자신을 성찰하고 나의 성장을 대가 없이 기다려주신 부모님처럼 직원들을 기다려주자. 그들이 리더를 믿기 시작한다면 마치 믿음에 보답이라도 하듯 그들 스스로 조직의 귀한 존재로 움직일 것이다.

02 — 엄지 하나로 즐겁게 바뀐 청소 시간

02 엄지 하나로 즐겁게 바뀐 청소 시간

고객 왕 시키려다 직원 졸도한다

'고객은 왕이다!' 약 20년 전 내가 미용을 한참 배우던 스태프 시절, 리더가 바뀔 때마다 가장 많이 들었던 말이다. 신하가 왕을 모시듯 극진히 고객을 모시라는 뜻이 내포된 말이다. 그 후 어느 리더에게는 '고객 감동을 넘어 고객 졸도!'라는 말을 들었다. 감동 정도는 식상하고 감동을 넘어 고객의 정신이 혼미해질 정도의 감동을 드리라는 의미에서 '고객 졸도'라는 말이 나왔다. 나는 이 말에 왠지 모를 답답함이 느껴졌다.

'아니, 고객 졸도를 위해서는 서비스하는 사람도 중요한 건데 왜 직원들 얘기는 안 하지? 우리는 밥도 못 먹고 화장실도 잘 못 가는데 무슨 고객 졸도까지 하라 그래?', '일도 청소도 연습도 할 게 많은데 직원들은 어떻게 에너지를 얻으란 말이지?'

고객 감동과 졸도는 누누이 강조하면서 하루 12시간 이상 서서 밥도 못 먹고 일하는 직원들에게는 상대적으로 소홀했던 그 리더에게 속 좁은 불만을 품곤 했었다. 지금 생각해보면 리더의 노고도 모른 채 철없이 나의 힘듦만 생각한 것 같다. 그러나 당시에는 연습하는 시간만큼 길었던 청소 시간이 아깝게 느껴졌다.

그 무엇보다 청소가 가장 힘들었다

헤어숍은 항상 바닥에 머리카락이 많다. 주말처럼 바쁜 날 헤어숍을 방문해본 사람이라면 한 번쯤은 머리카락이 바닥에 수북이 쌓여 있는 모습을 본 적이 있을 것이다. 머리카락을 쓸고 싶지 않아서가 아니라 어둡게 뒤덮인 머리카락을 뻔히 보면서도 정말 일손이 부족해 쓸어 담지 못하는 경우가 많이 있다. 이렇게 고객 방문이 많은 날 마감 청소를 하고 나면 순수 머리카락으로만 채워진 100리터 종량제 봉투가 1~2개는 거뜬히 넘어가기도 한다.

그 봉투에 담긴 머리카락을 발로 꾹꾹 눌러 담아 100리터가 차고 넘치기까지 얼마나 많은 비질을 했을까. 미용인이라는 직업도 보람 전에 육체적으로 참 고단한 직업임을 미뤄 짐작할 수 있다. 밥 한 끼도 못 먹은 채 방끗 웃으며 친절하게 고객을 응대해야 함은 기본이며 화학약에 머리가 녹진 않을까 노심초사하는 마음으로 시술까지 신경을 쓰려면 사실 청소는 가끔 뒷전이 될 수밖에 없다.

하지만 보건 위생법에 들어가는 미용업은 고객의 안전과 위생을 위해서라도 청결에 반드시 신경을 써야 한다. 자칫 잘못하면 바닥에 떨어져 뭉쳐진 머리카락을 잘못 밟아 고객이 미끄러지거나 다칠 수도 있다. 더불어 미용은 인간의 오감을 터치하며 고객과 교감하는 아주 예민한 업이기 때문에 청결은 기본이다.

그런데 다방면으로 잘해야 하는 살롱 경영의 어려움을 머리로는 알겠는데, 직원들이 리더의 생각을 잘 따라주지 않을 때가 가장 어렵다.

'어떻게 하면 몸이 힘들어도 즐겁게 청소까지 할 수 있을까?', '어떻게 하면 직원들이 내 마음처럼 하나로 움직일 수가 있을까?', '어떻게 하면 직원들의 에너지가 일하면서도 고객들보다 넘칠 수 있을까?', '어떻게 하면 리더가 없어도 티 나지 않을까?' 등 나 자신에게 질문을 수백 번은 더 던졌다. 내가 스태프 때 품었던 그 불편한 마음들을 내 직원들은 조금이라도 덜 느끼게 해주고 싶었기 때문이다.

"○○님, 바닥 정리 한번 부탁드려요", "○○님, 컵 정리 한번 부탁드려요", "○○님, 홀 정리 한번 부탁드려요" 하루에도 수십 번씩 스태프들이 듣는 얘기다. 바닥 정리 또는 본인이 담당하는 영역이 아닌 곳을 청소해달라고 말하면 밥도 못 먹은 직원들이 이내 입이 코만큼 나와 삐죽거릴 때도 가끔 있다. 더군다나 본인이 먼저 청소하기 위해 큰마음을 먹고 빗자루를 가지러 가고 있는데 이런 이야기를 듣기라도 했다면 더욱더 표정이 일그러진다.

고객이 있든 없든 얼굴에서 다 티가 난다. 어떤 일을 하든 어떤 사람이든 싫어하는 무언가를 부탁받게 되면 표현의 차이가 있을 뿐 부정적인 감정을 느낄 수밖에 없기 때문이다. 무언가 하고 싶다는 동기가 자발적으로 생겨나야 하는데 누군가가 지시를 내려 외부에서 동기가 생겨났기 때문에 거부감이 드는 것이다.

심플과 투게더를 찾아내다

내가 운영하던 1호점이 겨우 매출을 회복하고 얼마 지나지 않았을 때의 일이다. 하루는 평소에 잘 보지 않던 텔레비전 앞에 무심히 앉게 되었다. 뭔가를 보기 위해 앉은 것이 아니라서 멍하게 넋 놓고 채널을 돌리던 찰나 우연히 농구 경기를 중계하던 스포츠 채널에 시선이 고정됐다. 선수들이 거침없이 움직이는데도 감독이 어떤 수신호를 하면 경기가 멈추기도 하고 선수들의 포지션이 바뀌기도 했다. 심판들도 호루라기와 손가락을 이용한 수신호로 경기를 쭉 진행해나갔다.

생각해보니 농구뿐만 아니라 모든 스포츠 경기가 그랬다. 응원이 넘치는 관중석과 정신없이 뛰는 선수들에게 매번 소리를 지를 수도, 마이크를 사용할 수도 없으니 손가락을 이용해서 사전에 협의한 의사소통을 나누고 있던 것이다. 나는 무릎을 탁!! 쳤다.

'아! 어차피 해야 하는 청소, 즐겁게 하자! 손가락을 활용해서!'

해결해야 할 문제가 생기면 계속 아이디어를 짜내고 생각을 열어놓는 덕분에 나의 잠재의식도 알아차렸는지 번뜩 든 이 생각이 우리 헤어숍 청소 문화에 좋은 아이디어가 될 것 같았다.

나의 소중한 생각이 날아갈까 급히 메모해두고 다음 날 출근하자마자 직원들과 의견을 나눴다. 리더의 아이디어가 있다 하더라도 현장에서 직접 적용하는 사람들은 직원들이다. 그렇기 때문에 리더가 시켜서 하는 것이 아닌 그들 스스로 만들어낸 약속에 의해 움직일 때 시너지가 더 나는 것을 여러 번 경험한 후였다. 그래서 어떤 방법으로 액션을 취하면 좋을지 되도록이면 그들 스스로 의논해서 정할 수 있었으면 했다.

나의 전제 조건은 첫째 복잡하지 않을 것, 둘째 모두가 함께할 수 있도록 할 것. 딱 이 두 가지였다. simple과 together, 이 두 가지만 충족되기만 한다면 더할 나위 없이 기쁠 것 같았다.

어메이징한 '엄지' 타임의 시간

며칠 후 직원들이 탁월한 아이디어를 가지고 왔다. 첫 번째는 지정된 청소 시간 만들기였다. 'Cleaning Time' 11시, 2시, 5시에 맞춰 특정한 음악이 나오면 청소를 시작한다. 이때 음악은 직원들이 선정한 즐겁고 신나는 음악으로 한다.

두 번째는 직원 중 누구라도 '엄지손가락'을 높이 들어 무전으로 '엄지~!'라고 힘 있게 외치면 Cleaning Time이 아니더라도 자기 주변 정리를 한다. 일명 '엄지' 타임. 캬~ 나는 직원들의 아이디어가 너무 맘에 들었다. 어메이징했다. '엄지 타임'이라니~!

지금이야 여러 분위기로 일하는 헤어숍들이 많지만 이때만 해도 미용실은 그냥 '펌 공장'이었으니, 이러한 리추얼은 안 그래도 바쁜 현장에 또 다른 소일거리를 만드는 분위기였기 때문에 사실 하자고 하면서도 직원들의 눈치가 보였던 것이 웃픈 현실이었다.

농구 경기에서는 감독이나 심판이 수신호를 주도하지만 우리는 누구든 필요하다면 엄지를 높이 올렸고 커트 중이거나 직접 시술 중인 직원은 고객께 집중하고 그 외에 가능한 직원들은 기쁜 마음으로 1, 2분 동안 동시다발적으로 움직였다.

본인이 엄지를 높이 세우면 다른 직원들이 포지션을 바꾸니까 신기해하기도 했지만, 선배들은 괜히 장난기가 발동해서 '어디서 후배가 엄지를 세우냐'고 으름장을 놓기도 했다. 처음 며칠은 청소보다는 다들 장난치며 청소는 하는 둥 마는 둥이었지만 사실 난 그런 모습을 기대했었다. '청소를 청소처럼 하지 않기!', '리더가 아닌 직원들이 분위기 주도하기!'

처음부터 얼마나 깨끗한가에 목적이 있었던 것이 결코 아니었다. 직원들이 넘쳐나는 주된 업무 속에서 '청소'라는 일부 업무로 미용이라는 것 자체가 지치지 않길 바라는 마음과 이왕이면 많은 인원이 즐겁게 동참하는 '청소 리추얼'을 만들고 싶었다. 그리고 이런 우리만의 독특한 행동을 고객들이 궁금해하기도 하고 이야기의 주제가 되기도 바랐다. 이런 의미에서 하기 싫었던 청소를 하면서 서로 장난을 칠 정도라면 주변이 탁월하게 깨끗해지진 않더라도 이 리추얼은 나름 성공했다고 자부한다.

이렇듯 현재 하는 행동이 미래의 행동과 결과에 영향을 주는 '행동 점화 이론'에 가속도가 더해지기 위해서는 초기에 그 행동을 할 수밖에 없도록 자연스럽게 동참하게 하는 것이 반드시 필요하다. 이것을 전문 용어로 '초기개입 이론(Initial Commitment)'이라고 부른다.

나는 리더로서 복잡하지 않을 것(simple), 모두가 함께 할 수 있도록 할 것(together)이라는 간단한 가이드 두 개만 주며 초기에만 개입했고, 직원들은 스스로 아이디어를 내고 자발적으로 움직였다. 리더가 시켜서 하는 것이 아닌 직원들이 자발적으로 움직이는 리추얼은 그 자체만으로도 조직의 에너지가 되고 그 리추얼의 실천은 무엇과도 바꿀 수 없는 조직의 힘이 된다. '엄지~!'는 내가 만든 것이 아닌 직원들이 만들어낸 우리만의 긍정 리추얼이 됐다.

03

직원들을 추켜세우는 방법

칭찬도 잘못된 칭찬일 수 있다

《칭찬은 고래도 춤추게 한다》(켄 블랜차드 외, 조천제 옮김, 21세기북스, 2018)라는 책 제목은 이미 모든 사람이 익히 알고 있을 정도로 유명하다. '고래도 칭찬을 하면 춤을 추는데 하물며 사람은 칭찬받으면 오죽 좋겠는가!'라는 의미가 내포되어 있다. 하지만 나는 좀 다른 의견을 가지고 있다.

상대의 잘못된 칭찬으로 무척 무안하거나 기분이 좋지 않았던 경험을 해봤기 때문이다. 우리는 사람들과의 관계 속에서 적은 말로도 상대를 기분 좋게 만들 수 있는 칭찬 방법, 나라는 존재가 좋은 사람으로 빛날 수 있는 칭찬 방법 등 '칭찬'에 관해 제대로 알고 있어야 할 필요가 있다.

칭찬은 사람에게 해야 한다

칭찬의 기본은 일단 중심이 '사람'이어야 한다. 내가 지니고 다니는 물건은 나의 안목과 경제력, 나의 신중한 선택의 결과다. 내가 만들어놓은 일의 결과들은 나의 시간과 노력, 고단함과 인내들의 산물이다. 그런데 칭찬을 듣고도 이상하게 은근히 기분이 안 좋을 때가 있다. 바로 칭찬에 '사람(인격)'이 빠져 있기 때문이다.

전 회사에 다닐 때 있었던 일이다. 내 머릿속에는 항상 아이디어가 넘쳐났고, 그 아이디어들은 주로 사람들이 너무 '이상적이다', '현실과는 거리가 멀다'라고 느끼는 것들이 많았기 때문에 임원 회의 시간에 말을 아끼는 버릇이 생겼다. 내가 맡고 있던 목동점의 더 좋은 성과를 위한 목표가 생겼을 때도 그랬다.

내가 정한 목표는 헤어숍의 모든 디자이너가 3,000점 기록을 세우는 것이었다. 여기서 말하는 기록은 커트, 펌, 매직, 헤어클리닉 등 각 시술의 가격마다 점수가 매겨지는 것으로, 디자이너 한 명이 한 달 동안 3,000점을 채우는 것이다. 그러면 월급도 그에 따라 1천만 원이 넘을 수도 있다. 전 디자이너 3,000점이라는 기록은 우리나라에서, 아니 세계 어디에서도 이룬 적이 없었다.

그렇기 때문에 회의 시간에 발표한다 해도 다들 '못할 거다', '그건 현실적으로 불가능하다'라고 할 것이 뻔했다. 이후 목동점 직원들이 결국 역사적인 3,000점 목표를 이뤄냈을 때는 정말이지 애쓴 직원들에게 휴가를 주고 싶었다. 그래서 전 직원 휴무 의사 결정권이 없던 나는 대표님에게 도움을 요청했고 흔쾌히 허락하시긴 했지만 우리가 3,000점이라는 목표를 달성했다는 것 자체가 믿기지 않는다는 눈치였다. 11개월이란 긴 시간 동안 수많은 우여곡절을 잘 이겨내고 목표를 이뤘을 때의 그 짜릿함이란 지금도 내 세포 하나하나가 다른 무엇과는 바꿀 수 없는 경이로운 감정으로 기억하고 있다.

성과의 벅찬 감정이 아직 사라지기 전 나는 회의를 위해 본사로 향했다. 동료들 대부분이 나와 우리 목동점 직원들을 진심으로 축하해주었지만 그중 아주 극소수 몇 명은 "운이 좋았네!", "지난달에 주말이 많았잖아?", "프로모션을 크게 했나 보네!"라며 칭찬인지 열 받으라고 하는 건지 의도가 불투명한 말들을 해왔다. 그들은 이런 뼈 있는 말들을 웃는 얼굴로 칭찬이라며 했다.

하지만 운도 그냥 만들어지는 것이 아니다. 자기 자신에게 부끄러움 없이 최선을 다했을 때 하늘이 주는 선물이 '운'이라고 나는 믿고 있다. 그래서 나는 '거짓말'을 최대한 하지 않으려 애쓰며 살아간다. 주말도 누구에게나 다 똑같이 주어진 공평한 시간이었다. 결정적으로 그들은 기획하지 않았지만 나는 아니었다.

그들은 도대체 무얼 말하고 싶었던 걸까? 아마도 그 사람들의 머릿속에는 '나도 똑같은 조건이었다면 너보다 더 잘할 수 있을 거야. 너라서 성공시킨 게 아니야!'라고 말하고 싶었던 걸까? 만약 "그 어려운 기록을 세우다니 정말 목동점 대단한데? 도대체 비결이 뭐야? 와~ 그동안 정말 수고 많았다. 목동점은 우리 회사의 얼굴이야!"라고 화끈하게 이뤄낸 사람들을 추켜세워주었다면 어땠을까?

어떤 상황에 있어서든 '인격의 주체'를 뺀 칭찬은 그야말로 영혼이 없는 칭찬이나 다름없다. 좋은 물건을 지닌 사람의 안목과 품격을 알아주는 것, 상대의 아이디어나 인내의 시간을 알아주는 것, 그 일이나 상황을 칭찬하는 것이 아니라 그 일을 행한 사람을 있는 그대로 인정해주는 것. 이것이 말을 하고도 내가 빛나는 방법이다. 반드시 상대의 인격을 진심으로 알아주는 칭찬을 하자.

의도하지 않은 행동에 칭찬하라

누구나 마찬가지겠지만 어떠한 일을 시작할 때 '나는 이걸 잘 해내서 반드시 칭찬받을 거야!'라고 마음먹고 시작하지는 않는다. 하지만 내가 업무를 잘했거나 맡은 일 이외의 일을 했는데 리더나 선배가 그걸 알아줬다면 그때의 그 멋진 쾌감은 누구나 좋았을 것이다. 반대로 조직의 리더라면 이런 경우를 그냥 지나쳐서는 안 된다. 내 직원을 맘껏 추켜세워줘야 되고, 어쩌면 이런 추켜세움이 직원에게 향한 나의 짝사랑이 나에 대한 신뢰로 돌아올 수 있는 절호의 기회가 될지도 모른다.

헤어숍에는 시술에 필요한 도구나 크고 작은 제품들이 무수히 많다. 그 많은 제품의 입고와 재고를 파악하는 담당이 꼭 있기 마련인데 업무 전후로 또는 추가적으로 계속해서 신경 써야 되니 담당자 입장에서는 그 피로가 만만치 않다. 보통 미용인들은 영업 전후로 개인 연습을 하는 편인데, 어느 날 퇴근 후 연습을 더 한다는 스태프들이 생각나 맛있는 간식을 준비해서 다시 헤어숍으로 발걸음을 옮긴 적이 있다.

그런데 연습한다던 스태프들이 물품을 모조리 꺼내서 담당 구역 이상의 정리를 하고 있는 게 아닌가? 망하기 직전의 헤어숍을 경험한 나로서는 너무 감사한 이 상황에 가슴이 뭉클했다. 연습할 시간도 없는데 그 시간을 빼서 담당 스태프를 도와 손을 모으는 어린 스태프들이 너무 예뻐 보였고 진심으로 감사한 마음이 들었다.

표현력 풍부한 내가 기특하다 칭찬을 하니 "같이 하면 잠깐이면 돼요. 원장님! 얼른 로운이한테 가보세요! 늦었어요!"라고 되려 나를 집으로 보냈다. 이 얼마나 내가 꿈꿔오던 그림인가!!

이튿날 나는 전체 모닝 브리핑 시간에 몇몇 스태프들의 의도하지 않았던 고운 마음을 대대적으로 전 직원들에게 크게 알렸다. 그리고 스태프들이 제일 좋아하는 간식들로 직원실을 꽉 채워주었다. 간식을 맛있게 먹는 직원들을 보니 지난 시간이 정말 보람됐다. 이들은 나의 칭찬을 받기 위해 내 동선을 파악하고 의도적으로 청소한 것이 아니다. 자신의 시간을 조금씩 내주면서 밤늦게 혼자 재고 파악을 하며 피곤해할 동료를 도주었다. 그리고 그런 선한 마음으로 한 일을 본인이 속한 조직의 리더가 마음껏 알아주었고 또 뜻하지 않은 선물까지 받았다.

이 작은 에피소드를 통해서 스태프들은 자신이 이 조직에 얼마나 귀한 존재이며 꽤 쓸모 있는 사람이라는 사실, 더불어 긍정적인 마음을 가지고 있다는 것을 인정받는 순간이었을 것이다. 그리고 그것을 지켜본 직원들은 성과만 중요한 게 아니라 서로 도움을 주고받는 것이 맞구나, 이게 행복이구나라는 살아있는 교훈을 얻었을 것이다. 서로 돕는 것을 당연하게 바라보지 않고 직원들의 행동에 관심을 가지고 적극적으로 칭찬하면 리더는 조직의 성과뿐만 아니라 반드시 '사람'도 얻게 되는 것이다.

"넌 누굴 닮아 이렇게 잘하니!"

나는 누굴 닮아 이렇게 잘하냐는 말을 들으면 왠지 기분이 좋다. 입신양명하지는 못했으나 불효는 짓고 살지 않고 있구나 싶은 마음에서다. 내가 한 일이나 행동에 대한 직접적인 칭찬은 아니지만 나를 포함해 그리고 나와 관계된 사람들을 폭넓게 칭찬해주는 말이기 때문이다.

헤어숍에 방문하는 고객의 연령대는 아주 다양하다. 주말이면 3대가 함께 손을 잡고 와 아이부터 할머니, 할아버지까지 세신하듯 머리를 하곤 하신다. 이때 아이와 함께 방문한 어른들을 10초 만에 행복하게 할 수 있는 방법이 있다. '넌 누굴 닮아 이렇게 인사를 잘하니!', '아이가 부모님을 닮아 아주 눈매가 예뻐요!', '아이가 엄마를 닮아 아주 웃는 모습이 사랑스럽네요!', '아이가 아빠를 닮아 크면 효자 되겠어요!' 이것이 바로 '관계 칭찬'의 예다.

누군가의 자식, 부모, 아내, 리더, 선후배로 살아가는 우리에게 나와 관계된 그들에게도 박수를 보내는 일이기 때문이다. 내 집이라 하지 않고 우리 집이라고 하는 평소 우리말 습관만 봐도 알 수 있다. 이처럼 직원들에게 하는 칭찬에도 관계를 활용해보자. 나는 주로 직원들의 부모님들과 소통을 많이 하는 리더다.

직원들의 부모님과 소통을 하다 보면 부모님의 모습이 직원들에게 참 많이 묻어나 있는 것이 사실이다. 나는 이런 점을 부모님들께 진심을 담아 꼭 표현하려고 노력한다. 칭찬을 하는 사람이나 칭찬을 받는 사람은 모두 연결되어 있다. 사람을 얻고 싶은 리더라면 맺고 있는 관계를 존중하는 지혜로운 칭찬을 해보자.

재능보다 노력에 칭찬하라

조직의 성과를 올려주는 특효약인 칭찬이 '독'이 될 수도 있다는 연구 결과가 있다. 컬럼비아 대학교의 클라우디아 뮬러(Claudia M. Muller)와 캐럴 드웩(Carol S. Dweck) 교수는 400명의 아이를 대상으로 실험을 했다. 다소 어려운 문제를 풀게 하고 점수가 아닌 말로 평가를 했다. A 그룹에게는 "이렇게 어려운 문제를 풀다니 대단한걸! 넌 머리가 무척 좋구나!"라고 '능력'에 대한 칭찬을 하고 B그룹에게는 "이렇게 어려운 문제를 풀다니 대단한걸! 넌 노력을 정말 많이 하는구나!"라고 칭찬했다.

이렇게 다른 칭찬을 들은 두 그룹은 이후 다른 실험에서 어떤 결과를 냈을까? 능력을 칭찬받은 A 그룹은 '머리가 좋다'는 능력을 유지해야 하므로 쉬운 문제들을 선택했고 반면에 노력 칭찬을 받은 B 그룹은 '노력'에 대한 기쁨이 있기 때문에 어려운 문제를 선택하는 비율이 더 높았다. 또한 저조한 점수임에도 노력의 칭찬을 들은 B 그룹은 자신의 노력이 부족해서 점수가 낮은 것이기 때문에 다시 재도전하겠다는 의사가 A 그룹보다 월등히 높게 나왔다.

우리는 매일 그리고 매월 발생하는 매출의 숫자를 두고 그저 잘했다고 축하하며 능력에만 박수를 보내는 것이 아니라 열정과 시간을 아낌없이 본인의 성장에 투자한 노력에도 박수를 보내야 한다. 그래야 자신의 노력에 대한 인정과 더불어 비록 목표에는 도달하지 못했어도 또다시 노력을 할 수 있는 동기를 직원들에게 줄 수 있기 때문이다.

칭찬 한마디가 나를 노력 모드로 만든다

타인이 나에게 해주는 능력 칭찬은 우쭐하는 마음이 들게 하고, 이후에도 능력을 인정받기 위해 점점 쉬운 일을 선택하게 하지만 반대로 노력 칭찬은 자신의 노력하는 이미지를 유지하기 위해 어려운 일을 선택하는 행동에 불을 붙인다. 칭찬을 통해 '나는 노력하는 사람이야!'라는 노력 모드가 나 자신에게 반영된다면 결과는 금상첨화다. 모든 직원은 각자 자라온 환경이 다르다. 그리고 재능과 노력도 모두 다를 것이다. 그렇기 때문에 비슷한 수준의 업무나 도전에서도 결과에 차이가 날 수 있다.

조직의 리더가 직원을 사랑하는 마음으로 모든 직원의 '노력'에

아낌없는 박수와 깊은 의미를 부여해 준다면 직원들의 마음 근육과 역량도 반드시 날이 갈수록 일취월장할 것이다.

04 꿈의 3,000점을 향하여

가위손 되는 데 걸리는 시간 3년

헤어디자이너들은 대학을 졸업하더라도(개인마다, 지역마다 조금씩 다르지만) 평균 3년 동안 스태프를 하면서 실전 기술을 익히고 난 다음 디자이너가 되어 직접 커트를 할 수 있게 된다. 그야말로 가위를 이용해 모발 남김의 미학을 디자인으로 만들어내는 것이다. 커트는 모발을 얼마나 잘 잘라내느냐가 아니라 어떻게 잘 남기느냐에 따라 고객의 아름다움과 일상이 결정된다. 이렇게 정성 들인 디자인 값으로 매달 '매출'이 발생한다.

헤어숍마다 다르지만 많은 곳이 매달 디자이너 각자의 매출에 따른 인센티브로 급여가 결정된다. 그러므로 매출이 얼마인지에 따라 매달 월급에 변화가 있다. 지방에서 올라와 매달 몇십만 원의 적지 않은 월세를 내면서 성공을 향해 달리는 직원들이 많다.

그런 직원들은 몸이 아파 며칠씩 누워 있기라도 하면 당장 그 달 급여부터 변화가 생기기 때문에 리더는 직원들의 월급 차이가 심해지지 않도록 일정하게 많은 급여를 받을 수 있도록 이들과 매일 같은 페이스로 달리거나 반보 더 앞서 그들의 페이스 조절에 신경 써야 한다.

꿈의 크기를 높여주고 싶었다

사회적으로 연봉 1억 원은 꿈의 숫자다. 이런 의미에서 디자이너에게 월 2,000점이라는 숫자는 매달 급여로 환산하면 연봉 1억을 뛰어넘을 수 있는 월 2,000만 원의 매출을 일컫는다.

신입 디자이너가 고객 한 분, 한 분을 단골로 만들어 2,000점을 달성한다는 것은 후배 디자이너들에게 롤모델이 되는 길로 들어서는 것이며 서울에서 월세 50만 원, 80만 원은 당당하게 낼 수 있는 자격의 반열에 오르는 것이나 다름없다. 스스로의 힘으로 값비싼 외제차를 살 수도 또 유지할 수도 있다.

그래서 예전에는 회사에서 2,000점이 되면 아이가 자라 성인식을 하듯 디자이너 성인식과 같은 축하를 해주는 자리도 있었다. 2020년부터는 3,000점으로 기준이 바뀌었지만(회사의 규모나 문화에 따라 축하 기준은 다르다) 2016년 당시만 해도 우리나라에서 2,000점은 청담동 디자이너나 가끔 경력 많은 디자이너들이 할 수 있는 숫자로 자연스럽게 인식되어 있었다. 그만큼 하기 어려운 숫자였다.

나는 리더로서 나와 함께하는 디자이너들에게 꿈의 크기를 높여주고 싶었다. 모두가 어렵게 하는 2,000점 말고 그것을 거뜬히 뛰어넘어 3,000점도, 4,000점도 무난하게 할 수 있는 내적, 외적인 역량을 갖추게 하고 싶었다. 3,000점과 4,000점을 스스로 할 수 있게만 한다면 스스로 독립도 가능해지며 직원들의 삶의 질은 물론이고 가난과 마주한 직원의 가족들까지 행복할 수 있을 거란 기대감이 가득했다. 나는 2009년 목동 1호점 오픈 초에 찌질했던 리더가 더 이상 아니었기에 디테일한 계획으로 충분히 우리 직원들을 연봉 2억 원으로 만들어주겠다고 다짐했다. 2015년 12월 10일, 2호점 출발부터 약 1년 동안의 목동 1, 2호점의 대 프로젝트에 돌입했다.

매출은 어떻게 만들어지는 걸까?

매출이 만들어지기 위해서는 값을 내는 고객의 수가 절대적인데 전체 디자이너들의 출발 점수들은 제각각이었고 또 고객 수가 모자라다 보니 3,000점은커녕 그중 몇몇은 2,000점도 하기 어려운 것이 현실이었다. 커트 25,000원, 30,000원에서 20퍼센트 할인해 받은 금액으로 디자이너 전체 인원 모두가 2,000점 이상 낸다는 것은 결코 쉬운 일이 아니었다. 프로모션은 기획이 잘못되면 매출이 제자리일 수 밖에 없었고, 제품도 고스란히 재고로 남았다.

하지만 1년 후를 목표로 두고 하나씩 필요한 것을 채워나갔다. 기술적인 연습은 평소 기본이며 프로모션 메뉴에 필요한 테크닉과 세일즈 연습도 빼놓지 않았다. 인당 3,000점 이상의 매출을 하기 위해서는 많은 고객을 제한된 시간 안에 만나야 했기 때문에 숙련된 스태프들이 필요했고 모든 일이 수작업인 미용업의 특수한 상황을 고려해 미리 인재를 채용하고 손발을 맞춰나갔다.

고용 비용에 대한 이슈가 변곡점을 맞이하던 때였고 이때 타 헤어숍들은 인원을 축소하던 시기였다. 우리 헤어숍 또한 인건비와 퇴직금이 만만치 않게 나갔지만 선순환의 일부라 생각하고 사람에 대한 전폭적인 투자를 아끼지 않았다. 그래서 이 시기에 나는 10명에 가까운 직원을 새로 뽑았다. 스태프 한 명당 평균 임금이 150만 원 내외였기에 헤어숍의 월 지출을 2,000만 원쯤 늘린 셈이다. 그러나 나는 사람에 대한 투자가 매출을 올리는 가장 바람직한 방법이라고 생각했다. 그리고 인건비를 들여서라도 직원들에게 3,000점, 4,000점 기록을 돌파했을 때의 그 느낌을 알게 해주고 싶었다.

축복송이 터지다

2016년 10월 1일, 프로모션이 시작되었다. 1, 2호점 전 직원 모두가 한마음이 되어 그동안 갈고닦은 실력을 펼치고 자신의 기록을 깨는 올림픽과도 같은 프로모션의 첫 날이 시작되었다. 모두가 이른 아침 함께 간식을 먹고 파이팅을 외치며 첫 고객부터 활기차게 출발했다.

미리 프로모션을 홍보해둔 덕분에 아침부터 고객으로 꽉 채운

두 헤어숍은 인산인해를 이루었다. 데스크 매니저들은 수많은 고객의 옷을 받아 걸고 내리기를 수십, 수백 번을 반복했고, 수백, 수천 통의 전화 응대와 홀의 상황을 유연하게 살펴나가며 중심을 잡아주었다. 잠시 짬이 되어 밥을 먹을 수 있는 동료들은 원장, 매니저, 디자이너, 스태프 할 것 없이 밥도 못 먹고 일하고 있는 동료들이 직원실로 잠시 물건을 가지러 온 5초, 10초라는 짧은 시간에 서로의 입에 간식과 밥을 넣어주며 '화이팅'을 외쳤고 서로를 응원하며 직원실 밖으로 내보냈다.

고객이 주문한 커피를 가지러 바에 온 어느 한 디자이너가 나는 오늘은 목표 달성이 힘들겠다고 한마디라도 하면 옆에 있는 몇몇 동료들이 "끝날 때까지는 끝난 게 아니야! 끝날 때까지는 끝난 게 아니야!"라며 힘을 실어주었다. 처음에는 말로만 하던 문장인데 자꾸 부르다 보니 멜로디가 붙여졌고 그게 우리의 새로운 리추얼이 되었다. 누가 먼저라고 할 것도 없이 축복송을 시도 때도 없이 흥얼거렸다. 전 직원 모두가 스스로 에너지가 부족해지기라도 한다면 마지막 젖 먹던 힘을 끌어올리기 위해 반복하고 반복하며 흥얼거렸다.

인간 승리란 따로 있는 게 아니다

10월 31일, 프로모션 한 달의 결과가 나오는 날 오후, 나는 일본 헤드스파 관련 출장으로 첫 비행기를 타고 아침부터 분주한 하루를 보내고 있었다. 일본어를 잘하는 스태프와 함께 일본 살롱 대표들과 미팅을 하고 전철로 이동하던 도중 전철 개찰구에서 매니저로부터 걸려온 전화를 받았다. 아직 헤어숍 마감 시간이 남은 이른 오후였다.

사실 출장 오기 전, 디자이너 중 한 명이 개인 목표 매출을 달성하기 어려워한다는 소리를 듣고 출장을 온 터였다. 그 디자이너가 혹여나 본인 때문에 전체 목표가 달성되지 못할까 봐 마음 고생이 심하다는 것이었다. 그래서 나는 해당 디자이너에게 강한 푸시는 하지 말라는 당부를 남기고 왔었다. 리더로서의 목표 달성 기대는 잠시 뒤로 숨긴 채 그 디자이너가 걱정되어 태연한 척 목소리를 낮추며 전화를 받았다.

"여보세요?"

"원장님, 잘 도착하셨어요? 여기저기 일 보시느라 바쁘시죠?"

"아니야, 괜찮아. 밥은 먹었니? 별일 없지?"

"원장님, 별일이 좀 생겼어요."

매니저는 뜸을 들이며 시무룩한 목소리로 답했다. 순간 가슴이 철렁 내려앉았다.

"아니, 왜? 무슨 일이야? 누가 다쳤어? 무슨 일인데? 얼른 말해봐! 왜?"

내 닦달에 한참을 뜸을 들이던 매니저는 비로소 입을 뗐다.

"○○ 선생님(개인 목표 매출을 어려워하던 디자이너) 있잖아요."

"어……, 왜!!!"

가뜩이나 매출이 부족한 그 디자이너가 마음에 걸렸는데, 그 디자이너의 이름이 나오니 더욱 가슴이 내려앉았다. 그 디자이너가 울음이 터졌다거나 무슨 일이라도 벌어졌을 거라고 짐작하고는 드디어 올 것이 왔다고 생각했다. 그런데 웬걸, 아주 밝은 목소리로 이렇게 말하는 것이 아닌가.

"○○ 선생님이 드디어 달성하셨어요! 전원 3,000점 돌파했습니다. 원장님!!!"

"뭐? 진짜?? 하~ 너무 축하해!~ 진짜 장하다. 내 새끼들!!"

"원장님, 우리가 해냈어요! 드디어 전원 다 했어요!! 원장님, 사랑해요!! 원장님 울고 계세요? 오예~ 왜 아무 말씀이 없으세요? 하하."

전화기 너머로 직원들이 소리치는 목소리가 들려왔다. 직원과 내가 하는 통화를 다 듣고 있었던 것이었다. 자기들끼리 소리 지르고 웃고 안고 리더를 들었다 놨다 놀리고 한바탕 난리가 났다. 하지만 그 순간 내가 운다고 마음껏 놀려대도 너무 좋았다. 내가 기뻐 펑펑 우는 모습을 상상하며 육체적으로 힘든 것을 참았다는 직원들도 있었다. 정말 인간 승리의 감동이 아닐 수 없었다.

나는 그 자리에 주저앉았다. 다리에 힘이 풀려 서 있을 수가 없었다. 길을 지나가던 일본 행인들이 무슨 일인가 하고 얼핏얼핏 보기도 했다. 정신을 차린 후 함께 갔던 스태프에게도 이야기를 전해주었고 우리 둘은 너무 기쁜 나머지 연고도 없는 일본 땅에서 펑펑 울며 한참을 주저앉아 있었다.

한 번의 성공 경험은 다음 경험을 낳는다

이 한 달을 위해 11개월이란 시간을 준비했고 1, 2호점 전 직원의 온 마음이 하나가 되어 마지막 낙오자 한 명 없이 대한민국 평균 이상의 기록을 냈다. 전 헤어디자이너 매출 기네스가 있다면 대한민국을 넘어 세계 신기록이 아닐까 생각한다. 누군가 지치면 축복송으로 위로해주고, 누군가 기쁘면 손을 마주 잡으며 축복송을 불렀다. 인디언처럼 어깨에 손을 올려 빙글빙글 돌며 시도 때도 없이 축복송을 부르며 목표를 향해 즐거운 질주를 멈추지 않았다.

우리 일터의 매일이 마치 4년 동안 피와 땀을 흘려 가면서 올림픽을 준비하는 선수들과 같았고, 마치 2002년 월드컵과도 다름없었다. 정말 놀랍도록 역사적인 2016년 10월 31일, 지금 이 순간도 눈시울이 뜨거워진다. 목동 1,2호점 전 직원 모두가 찐하게 하나가 되었다. 그 10월 한 달이 나의 리더 생활에서 가장 열정으로 기억되는 의미 있는 날 중 하나다.

한 번의 성공 경험은 다음의 성공을 기약하게 만드는 힘이 있다. 또 공동의 목표는 강력한 동기가 되어준다는 것을, 당시 나는 강하게 경험했다. 이 '어메이징한' 경험이 또 다른 3,000점, 4,000점 도전의 첫 시작이었고, 이 계기로 나에게 잊지 못할 경험을 선물해 준 보고 싶은 예전 나의 목동 가족들에게 경의와 또 깊은 감사를 전하고 싶다.

05 ——

말과 내적 동기 유발의 관계

말이 가지고 있는 진짜 속마음

리더가 하는 말이 직원들의 내적 동기에 미치는 영향은 얼마나 될까? 직원들은 리더와 나누는 대화의 어떤 부분에서 감정이 동요될까? 직원들은 언제 리더를 신뢰할까?

나는 올해 일곱 살이 된 아들의 이름을 '세상을 풍요롭고 이롭게 하라'라는 의미로 '이로운'이라 지었다. 한창 예쁜 짓을 많이 하는 아들을 만날 생각에, 바쁜 일을 끝내고 집으로 돌아가는 길이 설렌다. 현관문을 열고 나를 마중 나온 아이를 꽉 껴안으며 "아고, 내 아들! 예뻐 죽겠네! 뺨을 꽉 깨물어버릴까?" 하고 너스레를 떤다. 이 말을 들은 아들은 좋아할까, 싫어할까?

단순히 들리는 대로라면 '아니, 예쁜데 왜 죽여?', '예쁜데 뺨을 왜 깨물어?'라고 생각할 수 있다. 그러고는 나를 피해 멀리 도망을

갈지도 모른다. 하지만 아이는 도망가는 것이 아니라 엄마인 나의 목을 처음보다 더 꽉 껴안으며 방긋하고 함박웃음을 지어준다. 분명 엄마가 무시무시한 단어를 사용했는데도 불구하고 아이는 무척 행복해한다.

왜 이런 현상이 발생하는 것일까? 결론부터 얘기하자면 아이와 엄마는 '상호 신뢰'하기 때문이다. 어릴 적부터 자신을 위해 헌신을 다해오던 모습, 자신과 한 작은 약속을 반드시 지켜주던 엄마의 모습, 조건 없이 자신을 사랑하는 엄마를 온몸으로 체화해온 아이는 엄마가 자신을 너무 예쁘다고 죽이지 않을 것이란 걸, 너무 예뻐서 뺨을 아프게 깨물지 않을 거라는 걸 잘 알고 있다.

바로 엄마의 단어를 있는 그대로 받아들이는 것이 아니라 말할 때의 뉘앙스(말할 때의 분위기, 표정, 눈빛, 미소, 억양 등)와 그 말이 가진 의미를 받아들이는 것이다. 상대가 하는 말을 꼬아 듣지 않고 그 말이 가지고 있는 진짜 의미를 바르게 해석하는 정도가 되기 위한 아주 중요한 조건은 바로 '상호 신뢰'다. 일방적인 믿음이 아니라 상호 간의 신뢰가 존재해야 상대가 말하는 그 문장 속 의미를 제대로 해석하려고 하는 것이다.

리더로서의 한계를 느끼다

나는 처음에 리더로서의 마인드와 자질이 부족한 상태로 경영을 시작했다. 준비가 되지 않았던 만큼 시행착오도 무척 많았다.

나는 정말 부끄럽게도 경영을 하는 16년 동안 완전히 상반된 '두 얼굴의 나'로 나뉜다. 영화 〈300〉을 연상케 하는 카리스마 리더십을 가진 모습과 자식 가진 엄마처럼 부드럽고 직원이 스스로 자율적인 의사결정을 할 수 있도록 돕는 참여적 리더십의 모습이다.

리더십의 형태를 유형별로 나누어 어떤 리더십이 더 좋다, 나쁘다 할 수는 없지만 극단적인 두 리더의 모습을 경험한 나는 카리스마 리더십으로 경영을 했을 때야말로 가장 힘든 경영을 경험했다고 생각한다. 통솔이 되는 듯 보여도 나의 강한 일방적 소통으로 직원들은 늘 긴장이 되어 있었고 의견을 잘 낼 수도 없었으며 겉으로는 웃고 있어도 속은 재미없고 딱딱한 조직이었다.

"(언제가) 테스트인데 연습은 다 했어?", "제품 주문은 했고?", "언제까지 (뭐) 해놔야 해", "(이것저것) 확인하고 나한테 피드백해줘……."

그 당시의 나는 말을 이런 식으로 했다. 직원들의 작은 의사결정까지 무기력하게 빼앗아버리고 하루 24시간이 모자랄 정도로 바쁘게 뛰어다녔다. 끼니를 거르면서까지 억척스럽게 일했지만 내 주위에는 사람이 많지 않았다. 지옥이 따로 없었다. 내가 보고 배운 그 시대 리더들은 모두 권위적이었고 이렇게 지시하고 보고받고 강하게 끌고 가는 것이 리더의 미덕인 줄로만 알았다. 그렇게 4년의 인고의 세월을 보낸 후 이대로는 리더를 계속할 수 없겠다는 한계가 왔다.

지옥 속에 있던 내가 어느덧 천국으로

나는 리더다운 리더로 거듭나기 위해 사람에 관해 공부하기 시작했고 출산의 경험과 더불어 대학원에서 좋은 멘토를 만나 코칭을 전공하면서 사람을 있는 그대로 바라보고 이해하는 방법과 인생을 배워나갔다. 타인이 아닌 나 자신을 성찰하면서 그동안 나에게 상처받았던 직원들에게 무척 미안해졌다. 과도기를 거치면서 나의 표현법도 많이 변해갔다.

"힘든데 연습은 적당히 해. 그러다 몸살난다."

"지금도 충분하다. 광이 난다. 청소 그만하면 되었다."

"나 혼자 해도 되니까 얼른 들어가."

"내가 이거 할게 너는 이걸 좀 도와줄래?"

"밤길 위험하다. 연습보다 네가 먼저다. 너무 오래 하지 말고 일찍 들어가!"

이렇듯 내가 먼저 변해가자 강하고 권위적으로 직원들을 대했을 때보다 내 주위에 직원들이 더 많이 남아 있었다. 그리고 나는 정신없이 바쁘지도 않았고 외롭지도 않았다. 성과도 눈에 띌 정도의 상승을 보였다. 심지어 매출이 목표보다 낮아도 너무 행복했다.

이때 나는 천국을 경험했다고 생각한다. 명시적으로 알아듣기 쉽게 얘기를 할 때는 반감 가득했던 직원들이 이제 와서는 죽어라고 반대로 이야기를 해도 오해하지 않았다. 오히려 더 자발적으로 움직이고 더 많은 청소를 하고 더 오래 연습했다. 무엇이 달라진 것일까?

변해야 하는 건 나였다

직원들은 아무것도 변한 것이 없다. 오로지 변한 것은 리더인 '나'뿐이었다. 나는 직원들과의 '상호 신뢰'가 부족하다는 것을 느끼고 스스로에게 소소한 다음 네 가지의 약속을 정하고 실천했다.

- 거짓말하지 않기
- 약속 지키기
- 내가 하기 싫은 것은 직원들도 시키지 않기
- 나 자신을 무조건 사랑하기

하늘이 마음을 알아준 걸까? 나 자신과의 약속을 묵묵히 지키려 했을 뿐인데 움직이지 않을 것 같았던 직원들의 마음이 움직이기 시작했다. 울퉁불퉁 모난 '나'를 스스로가 온전히 받아들인 후에야 직원도 사랑할 수 있음을 느꼈다. 또한 약속을 지키려는 내 모습에 직원들이 나를 믿어주기 시작했다. 직원들은 항상 그 자리에서 나의 변화를 기다리고 있었던 것이다. 그동안의 일들을 돌이켜보면서 가슴이 뜨거워지고 힘들더라도 리더 하기 참 잘했다는 생각이 온 마음으로 느껴졌던 시기였다.

사람은 '작은 약속'을 지키면 '믿음'이 생긴다. 그러므로 직원들에게 한 '작은 약속'을 반드시 지켜야 한다. 사람은 '믿음'이 생기면 못난 것도 예뻐 보인다. 그러므로 직원들과 서로 믿어야 한다. 또한 사람은 '사랑'을 하면 부드러워진다. 자신을 사랑하면 직원들에게도 부드러워지기 마련이다. 보통 사람은 자신을 헌신적으로 사랑해주고 믿어주는 사람을 적극적으로 따른다. 리더도 마찬가지다. 먼저 사랑과 믿음을 주어야 직원이 따른다.

직원과 상호 신뢰가 이루어지고 나면 리더의 의도나 말하는 의미는 더 이상 왜곡되지 않는다. 그리고 그 믿음에 직원들은 스스로 움직여줄 것이다.

기록 경신과 함께 찾아온 역설

2017년 여름은 숨 막히는 무더위만큼이나 나의 정신이 뜨겁게 달아오르는 때였다. 나는 한국 BOB 스터디 멤버들과 '살롱 연간 계획'을 배우기 위해 이른 아침 일본으로 향했다. 우리가 간 오사카부 카타노시 키사베에 위치한 '모리와키(MORIWAKI) 살롱'은 직원이 모두 대가족이라는 마음으로 '배려하는 회사를 만듭시다!'라는 사훈을 정한 곳이다. 69년째 사람을 중심으로 경영을 해오고 있고 일본 내에서도 꽤 유명한 '지역 밀착형 살롱'이다.

모리와키는 우리에게는 이름부터 생소한 연간 계획이라는 것을 세워 10년째 '자주 활성형 살롱'의 근간을 만들었다고 자신 있게 말한다. 나는 자주 활성형 살롱을 만들어가는 방법과 69년의 노하우를 배우기 위해 주저 없이 길을 나섰다.

이때는 목동점 디자이너들 모두가 미용 시장에 전례 없던 3,000점이라는 기록을 두 번이나 경신한 이후였다. 좋은 성과를 이루어낸 다음 가장 많이 변한 건 외부에서 노하우를 배우겠다고 목동점으로 찾아오는 미용인들이 급격하게 늘어난 것과 작은 성공의 반복으로 직원들의 사기가 월등히 높아진 부분이다. 겉으로 보면 이처럼 감사할 수가 없는 날들의 연속이었다.

그런데 이런 상황과는 반대로 리더인 나는 심적으로 여러 가지 고민이 생기기 시작했다. 첫 번째는 리더로서 살롱의 새로운 미래 비전 제시와 다른 하나는 성과로 인해 부정적으로 변해가는 디자이너들의 태도 부분이었다. 나는 이 세미나를 통해 해답을 찾고 싶었고, 고수들의 도움이 그 어느 때보다도 간절했다.

살롱 연간 계획은 이토 유타카 선생님이 진두지휘하셨다. 일본 전 지역에서 연간 300회 이상의 강연을 하며 18년째 미용업계 살롱 컨설턴트로서 한국과 일본의 미용인들에게 멘토가 되어주시는 분이다. 연간 계획 세미나 후 이토 선생님과의 개별 스터디가 저녁까지 이어졌고 나는 그동안 마음속 가지고 있던 고민을 다음과 같이 여쭤보았다.

"선생님, 저는 선생님이 아시듯 좋은 성과를 냈습니다. 그런데 성장 이후에 몇몇 디자이너들에게서 겸손하지 못하고 거만한 부분이 조금씩 생겨나고 있는 것이 눈에 보입니다. 자신의 성장이 모두가 함께한 노력의 결과가 아니라 마치 본인이 잘나서, 혼자 잘해서 그런 것이라는 마음과 감사함이 없는 이기적인 태도가 주변을 물들이고 있습니다. 자질이 되지 않는 사람들을 너무 빨리 성장시킨 것이 문제였을까요? 저는 항상 살롱 이념과 기본을 중요시하고 그것을 늘 강조해오고 있는데 어디서부터 잘못된 것인지 잘 모르겠습니다. 도대체 뭐가 문제인 거죠?"

망치로 얻어맞은 듯한 대답

나는 헤어숍의 분위기를 흐리는 디자이너들에 관한 불편함을 마구 쏟아냈다. 아니 어쩌면 불편함보다 '내가 그동안 너희들한테 얼마나 진심을 다해왔는데 이럴 수 있냐' 그들에게 하고 싶었던 말을 이토 선생님께 한 것이다. 그런 나를 한참을 쳐다보던 선생님이 질문 하나를 던졌다.

"혹시 디자이너들에 대한 포상 제도와 살롱의 이념이 같나요?"

나는 선생님의 물음에 쉽게 말을 잇지 못했다. 이유는 같지 않았기 때문이다. 살롱의 이념은 '은혜와 감사'인데 기록 경신의 선물은 값비싼 물건들이었다. 말을 한참을 못 잇고 있던 나에게 선생님은 이렇게 말했다.

"선물을 준 것 자체가 나쁘다는 게 아닙니다. 하지만 기록을 할 때마다 선물을 주는 것은 일의 의미에 박수를 보내는 것이 아니라 숫자에 박수를 보내는 것이 됩니다. '나'는 우리 살롱에 어떤 존재고 내가 이 숫자를 하면서 얻어지는 '일의 의미'는 무엇인지를 깨닫게 해주어야 합니다. 또한 리더는 어떤 순간이든 살롱의 이념과 직원들의 성장을 연결해주어야 합니다."

나는 선생님의 이야기를 듣는 내내 망치로 머리를 강하게 한 대

맞은 것 같았다. 이게 무슨 상황이지? 내가 직원들한테 무슨 몹쓸 짓을 한 건가? 지난 시간, 나의 지혜롭지 못한 행동에 직원들이 잘못되고 있는 것도 모르고 직원들에게 서운함을 돌렸던 나를 책망하며 오열했다. 부족한 리더를 만나 고생하는 직원들에게 너무나 미안했다. 조직이란 두 명 이상의 사람이 모여 함께 목표를 이루어나가는 체계를 말한다. 구성원들은 조직으로부터 인정과 칭찬에 대한 욕구, 생존에 대한 욕구, 자신의 정체성에 대한 욕구가 고루 갖추어졌을 때 비로소 진정한 소속감과 심리적 안정감을 갖게 된다.

내가 리더로서 성과에 대한 포상을 비싼 물질로 한 것은 구성원 개개인의 정체성 부분에서 일의 의미와 보람을 찾게 해준 것도 아니었고 조직의 이념에 연결되는 일도 아니었다. 또한 그 기록에 도전한 직원이 아닌 숫자에 박수를 보낸 격이 되었던것이다. 급여에 대한 인센티브로 생존만이 해결된 셈이다.

나는 돈은 돈대로 쓰고 고생은 고생대로 하면서 성과의 의미는 없어지는 상황을 스스로 자처해버린 것이다. 그것이 가끔이었으면 모를까 성과를 낼 때마다 매번 그랬으니 오히려 돈이 없지 않은 디자이너들 입장에서는 스스로 구매해도 되는 물건을 포상이라며 생색내고 주는 리더가 싫었을지도 모르겠다.

직원 개개인의 목표가 곧 조직의 목표다

'자주 활성형'이란 자주적으로 운영을 한다는 뜻으로, 모든 직원이 주인의식을 가지고 운영에 참여하는 조직을 말한다. 조직의 목표는 개인의 목표가 있을 때 존재한다. 다시 말해 리더가 조직의 목표를 강조하기 이전에 구성원 개인의 각자의 꿈을 존중해주고 그 꿈을 이루어가는 과정이 조직의 목표가 되어야 한다. 남이 정해주는 목표, 즉 외적 동기는 연구 결과에 의하면 잠깐의 성장은 기대할 수 있지만 지속적 성장은 어렵다. 반면 외부의 영향 없이 자신이 직접 설계한 목표는 가슴 뛰는 설렘을 바탕으로 지속적 성장을 기대할 수 있다.

즉 조직의 꿈을 이루기 위해 직원 모두가 희생되는 느낌의 목표가 아니라 구성원 개개인의 꿈을 이루어갈 수 있도록 만든 활동을 '연간 계획'이라 한다. 이 활동은 모든 구성원의 꿈을 모은 결정체이며 모두의 꿈이 반영됐기 때문에 직원들은 여기서 재미와 의미를 맛본다. 그러므로 누가 시키지 않아도 각자가 맡은 일에 적극적으로 임하게 된다. 매일 반복되는 일상에 급급한 것이 아니라 단기, 중기, 장기의 체계적인 목표에 삶의 의미가 생기고, 이루어가는 목표 안에서 개인의 자존감도 매년 상승한다. 일본 모리와키 살롱은 이러한 연간 계획을 통해 69년 동안 흔들림 없는 단단한 살롱을 만들어나가고 있었다.

비즈니스에서 내적 동기는 필수

나는 포상 경영 실패에 대한 경험을 성찰하고 연간 계획의 의미와 실행 방법을 배우고 한국으로 돌아왔다. 그리고 재빨리 구성원 모두가 함께하는 연습을 하나의 리추얼로 만들었다.

또한 '연간 계획'을 통해 개개인의 꿈을 나누고 그것을 이룰 수 있도록 정성을 쏟았다. 그 후 리더인 내가 설정해준 목표가 아니라 구성원들 스스로 정한 목표와 시기, 방법을 통해 3,000점 달성을 넘어 전체 디자이너의 4,000점 달성의 역사를 새롭게 쓸 수 있었다. 나는 이 목표에 필요한 여러 자원만 보충해주었다.

목동점 전체 직원들 스스로가 '미용계'에서는 볼 수 없었던 경이로운 역사를 만들어낸 것이다. 꿈이란 미래를 만드는 힘의 원천이다. 그리고 그 꿈은 목표가 생김으로써 달성이 가능해진다. 조직 구성원들 모두의 꿈을 함께 확인하고 서로 응원하고 지지하며 개개인의 내적 동기를 유발하는 '연간 계획'은 이제 숍 비즈니스의 필수 요건이다.

06 함께하는 조직 '리추얼'을 만들어라

직원 덕분에 살고 직원 덕분에 일한다

내 주변에는 긍정적인 리더가 참 많다. 예전에는 아는 리더의 70퍼센트가 미용하는 사람들이었지만 퇴사 후에는 사회 곳곳에서 자신의 역량을 마음껏 내뿜고 있는 다양한 직군의 멋진 리더들을 만날 기회가 더 많았다. 성공한 리더들과 모임을 자주 할 수는 없어도 가끔씩 만날 때면 많은 영감과 에너지를 얻었다.

보통 일 자체를 사랑하는 사람들과는 사적인 얘기보다 일 얘기를 하면서 서로의 아이디어를 나누며 즐기는 때가 훨씬 많은데 얼마 전 모임에서도 그랬다. 그 모임은 다음과 같은 두 가지 주제의 대화가 주를 이루었다.

첫째, 리더가 에너지가 많아야 직원들에게 나눠주고 힘도 낼 수 있는데 리더가 지치지 않고 직원들보다 더 힘을 낼 수 있는 방법은 무엇인가?

둘째, 직원들이 자발적으로 움직이면 좋겠는데 시켜야 움직인다. 어떻게 해야 하나?

리더마다 생각하는 '업의 개념'이 모두 다르기 때문에 이야기를 나누는 내내 무척 흥미진진했다. 결론부터 얘기하자면 모두가 첫 번째 주제에 대해선 바로 '직원'이었다. 직원들 때문에 마음이 상하기도 하지만 직원들이 있어 마음의 공감과 위안을 받는다고들 했다. 나도 이 말에 100퍼센트 공감했다.

단 한 명이라도 남아 있다면

대부분의 직원들이 떠난 텅 빈 숍에서 말 없는 거울과 쓸쓸히 몇 달을 일해본 나는 나를 따라주는 단 한 명의 직원이 그렇게 감사할 수 없었다. 단 한 명의 직원이 남아 있기만 한다면 그를 위해서 반 보 앞서가는 노력을 게을리하지 않겠다고 결심했다. 이 결심을 한 순간부터 나에게 직원은 단순한 고용 관계가 아니라 나의 동반자이자 인생의 스승으로 보이기 시작했다.

두 번째 주제였던 자발적으로 움직이지 않는 직원들에 대한 방법은 정말 이야기가 끝나지 않았다. 그리고 각자의 방법들도 다 달랐다. 이후 직원들의 동기부여에 대한 카테고리로 넘어가면서 내적, 외적 동기로 이야기가 이어졌지만 이 또한 쉽게 내용이 정리되지 않았다. 그날 모인 리더들은 모두 직원들에게 건강한 동기를 유발해주기 위해 어떻게 하면 좋을지 머리를 맞댔다. 방법들은 저마다 달랐지만 마음은 한곳으로 향했다. 직원들과 함께하면서 같이 한 방향으로 나아가는 조직이 목표라는 것이다. 그렇게 선배 리더들의 노하우를 관심 있게 듣고 있던 나에게 한 선배가 조심스레 물어왔다.

"미용은 개성이 강한 사람들이 많이 모여 있는 걸로 아는데 젊은 친구들을 어떻게 같은 목표로 데리고 갔어요?"

넋 놓고 즐겁게 듣고만 있던 나는 깜짝 놀랐다. 나보다 더 큰 사업체를 가지고 계신 리더님들 앞에서 무언가 말하기가 부담스러웠지만 나를 믿고 잘 따라와준 우리 직원들 자랑을 너무 하고 싶어 용기를 내고 조심스레 입을 열었다. 방법이 맞고 틀린 것보다 내가 한 경험에 무게를 두고 이야기를 해나갔다.

"몇 마디 말로 하기엔 참 어려운 이야기 같아요. 저는 어렵지만 문화 만들기로 조금씩 극복한 것 같아요. 시간이 좀 필요하지만 가장 중요한 것은 '조직 리추얼'이라고 생각했습니다."

방금 전까지 인센티브를 몇 퍼센트 줘야 하는지에 관한 이야기를 하다가 갑자기 내가 돈 안 드는 리추얼을 말하니깐 다들 귀를 기울이며 궁금해했다.

다 같이 봉숭아 물을 들이는 일

내가 전하고 싶었던 핵심 메시지는 '우리 조직만 알고 있는 특별한 문화 만들기', 즉 우리만의 '조직 리추얼'이다. 문화란 것은 일종의 리추얼, 즉 심리적 의례나 의식 또는 스스로 긍정적인 기억과 연관을 통해 자신의 행동에 특별한 의미를 부여함으로써 나타나는 긍정적인 반복 행동이다. 쉽게 말해 긍정적인 습관을 뜻하고 리더는 이 긍정 습관들을 조직에 물들이는 역할을 해야 한다.

하얀 손톱에 새빨간 봉숭아를 물들이듯, 가랑비에 옷이 젖듯 좋은 습관이 물들어야 한다. 좋은 습관이 몸에 배면 팀원들과 손도 맞아 들어가고 일의 효율도 오르니 당연히 개인 매출도 오르고 무엇보다 개개인이 일하며 즐거움을 느끼게 된다. 좋은 습관이 직원들 몸에 물들기 위해서는 같은 행동을 여러 차례, 1년에 최소 22일 이상 또는 한 달에 적어도 두 번은 반복이 되어야 한다.

내가 생각하는 조직 리추얼이란 직원 모두가 알고 있고 내부적으로 합의된 직원들의 루틴이다. 루틴은 반복된 행동을 뜻하는데, 긍정적인 루틴이 조직의 문화로 정착이 되면 이때 고객들이나 헤어숍을 방문한 사람들로부터 '여긴 분위기가 달라~ 여긴 따뜻해~ 여긴 뭔가 있어~! 여긴 직원들이 밝아'라는 감정을 들게 한다. 나는 2013년부터 매출보다 긍정 루틴이 중요하다는 사실을 깨닫고 이 루틴이 안정화되어 조직의 리추얼이 되기까지 엄청난 에너지를 쏟았다.

연습이 곧 리추얼이다

내가 우리 팀에 끌어들인 조직 리추얼엔 특별한 게 없다. 전 직원 연간 계획을 중심으로 직원들의 개인 목표와 공동의 매출 목표를 세우고 이를 달성하기 위해 서로 독려하는 것, 이를 실현하기 위해 서로에게 힘이 되어주는 축복송 부르기, 매 분기마다 목표를 정하고 이 목표를 향해 서로 긍정의 힘으로 기본에 충실한 기능적인 연습을 미친 듯이 하며 달렸던 일이 전부였다.

리추얼은 일상이 되어야 한다. 나는 리더가 된 순간부터 이것이 일상으로 자리 잡게 하기 위해 연습하고 또 연습했다. 이는 직원들도 예외가 아니어서 그들은 한 배를 탄 동료들과 함께 우리만의 문화를 향해 또 우리만의 문화를 지속시키기 위해 연습하고 또 연습했다.

우리 헤어숍의 경우, 연간 목표를 분기 목표로 나누고 세부 계획 실행에 반드시 필요한 연습을(미용 실력이 기본 이상이 되어야 한다는 전제하에) 개인이 하는 연습과 공동의 목표를 정한 후 함께하는 연습으로 나누었다.

공동의 목표는 1년에 한 번, 8월 한 달 동안 연습 시간 100시간 채우기였다. 하루 3~4시간 정도의 연습을 해야 했으며, 각자 시간을 자율적으로 조절하고 신나는 음악과 맛있는 음식을 먹으며 기술 향상을 위한 연습을 매년 해나갔다.

이 목표를 이루기 위해서는 1년 전부터 모든 직원이 함께 연간 계획 스케줄을 계획해야 했다. 함께할 수 있는 조직이란 거창하지 않다. 다 같이 입을 모아 구호를 외치며 시작하고, 공동의 목표를 정해 이를 이루기 위해 같이 노력하는 것, 그것에 길이 있다.

4장

고객 다루기

마케팅으로 승부하라

01 ——— 먼저 주고, 먼저 정성을 기울여라

세상에 우연히 일어나는 결과는 없다

소비심리란 사전적 용어로 '사람들의 소비의식이나 그 마음'을 뜻한다. 다시 말해 언제 사고, 어떤 순간에 사고 싶은 마음이 드는가다. 나는 지금까지의 경험으로 고객들의 소비심리가 언제 촉진되는지 두 가지 경우를 발견했다.

- 타인의 마음을 받았을 때
- 타인에게 나를 중점으로 둔 한 정보를 받았을 때

나는 비즈니스 거래란 먼저 위의 두 가지를 상대방에게 준 뒤 그다음에 상대방이 나의 서비스를 사는 것이라 생각한다. 눈에 보이든 보이지 않든 판매자가 나에게 상품이나 서비스를 '파는 것'에만 집중하면 아무도 구매하지 않는다는 것이다.

이 원리를 세계적인 동기부여 연설가 브라이언 트레이시(Brian Tracy)는 원인과 결과를 뜻하는 '인과의 법칙'으로 설명했다. 세상에는 우연한 일이란 없고 모든 결과에는 분명한 원인이 있어서 먼저 주어야 받는다는 것이다. 브라이언 트레이시 이외에도 세계적인 부자들은 인과의 법칙을 만고불변의 진리라 부르며 모든 비즈니스에 적용했다.

왜 A 선배는 팔고 B 선배는 못 팔까?

처음 미용 일을 시작하고 스태프가 된 지 한 달도 안 지났을 시기에 나는 여러 의문점이 생겼다. 바로 고객의 구매 포인트였다. 고객에게 홈 케어 제품을 권유할 때 A 선배가 권유하면 제품을 구매했는데 B 선배가 권유하면 동일한 것인데도 제품을 구매하지 않았다. 제품 말고 헤어 시술을 할 때도 마찬가지였다.

'고객은 같은 고객인데 왜 저 선배가 권할 땐 구입을 안 할까?', '경력이 비슷하고 고객 수도 비슷한데 왜 선생님의 매출이 다르지?' 이제 겨우 샴푸를 배우는 미용 신생아였지만 이 부분들이 상당히 의문이었다.

고객에게 내 마음을 먼저 준다는 것은 내가 가진 '일의 원칙'을 고객에게 알게 하는 것이다. 나는 미용을 하는 내내 '내 영혼도 잠시 빌려드릴 수만 있다면 기꺼이 드리겠다'는 마음으로 일했고 또 직원들에게도 내 생각을 말하곤 했다. 나는 나와 우리 헤어숍을 찾아주는 고객들에게 위와 같은 마음이 들 정도로 정말 그들을 좋아했다. 커트 보를 하고 미용인이 오기만을 목 놓아 기다리는 고객이 내 눈에는 어린아이 같아 보이니 단순히 '고객이 좋다'보다는 '고객이 사랑스럽다'고 표현하는 것이 더 맞겠다.

'마음을 먼저 준다'는 말을 그냥 단순히 들으면 누군가는 '일만 잘하면 되지 헤어 디자인 서비스를 하면서 뭐 그렇게까지 하냐'고 생각할 수도 있겠다. 내가 말하는 '마음을 먼저 준다'는 것은 고객의 부당한 요구에 바보같이 모두 수긍하며 약한 마음으로 터무니없이 할인을 해드리거나 경계 없는 혜택을 드린다든지 여러 번 방문을 한 단골 고객에게 맹목적으로 더 잘해드리자는 뜻이 아니다.

몇 번을 만나든, 나에게 얼마의 돈을 지불하든 고객에게로 향하는 나의 일에 대한 내면 속 원칙과 감정을 하나로 일치시키고 마음먹은 것을 밖으로 드러내 표현하고 고객이 이것을 알게 하자는 것이다.

늘어진 마음은 늘어진 서비스로 이어진다

경력이 많아도 찾아주는 고객의 수가 적은 디자이너들의 공통점이 있다. 바로 출입문이 보이는 가까운 테이블에서의 휴식보다 최대한 고객의 눈에 띄지 않는 어둡고 구석진 곳을 선호하고 예약이 없는 시간에는 의미 없는 SNS를 하며 책보다는 핸드폰과 아주 친하다. 그리고 이런 행동은 앞서 1장에서 말한 '행동 점화'로 이어진다.

어두운 구석에 앉아 핸드폰과 일치되어 있으면 계속 이 행동을 유지하고 싶은 것이 행동 점화고 이런 행동을 누군가 방해하면 굉장히 마음이 불편해진다. 이때 때마침 예약하지 않고 고객이 방문이라도 하면 마음속에서는 그 고객이 반갑지 않다. 고객에게 다가갈 때도 활짝 웃는 얼굴을 짓기는 어렵다. 늘어진 마음으로 고객에게 다가가 밝은 목소리로 "안녕하세요~" 인사해도 고객이 '와~ 나를 정말 환대하는구나~!!'라고 느낄까? 결론은 NO~!! 절대 그렇지 않다.

이런 디자이너들의 특징은 본인이 늘어질 수밖에 없는 행동을 하면서 회사 시스템, 복지, 헤어숍 분위기, 부족한 스태프 수, 리더의 마인드를 들먹이며 여러 외부 요인들 때문에 본인이 잘 안 된다고 규정한다.

고객에게 몰입하면 마음이 반응한다

나는 미용을 처음 시작할 때부터 영업 중에는 핸드폰은 아예 몸에 지니고 있지 않는다. 디자이너 때는 라커나 가방에, 리더가 되고 나서는 잠금장치를 푼 채로 데스크에 둔다. 고객 응대 시 나에게 걸려오는 모든 전화는 직원들이 받고 가족, 업체, 급한 전화는 헤어숍으로 온다. 그래서 만 20년 동안 몸담았던 전 회사의 대표님이 내 개인 핸드폰으로 전화가 와도 나는 잘 못 받았다.

“너는 전화를 왜 이렇게 안 받니!”

“어머, 죄송해요. 대표님! 고객 시술하느라 폰을 안 들고 있었어요.”

대표님은 전할 메시지가 있을 때 내가 전화를 안 받으면 잠시 나를 다그치시기도 했지만 이내 너그럽게 이해하셨다. 고객에게 몰입할 시간에 집중하고 있는 것이 잘못된 것이 아니기 때문이다. 이처럼 헤어디자이너로서 나의 원칙은 ‘몰입과 정성’이다.

나를 찾아주시는 고객들도 일에 관한 한 나의 이 원칙을 아주 잘 알고 있다. 나는 결코 일하는 순간만큼은 몰입하는 ‘척’하지 않는다. 일에 방해가 되는 것들은 차단해버리고 고객들과 진짜 하나가 된다. 진짜 몰입을 하면 나의 몸 밖으로 그것이 남다른 에너지로 드러난다.

그 에너지로 고객과 눈을 마주치고 “고객님, 기다리게 해드려 죄송해요. 제가 이분만 얼른 마무리하고 10분 안에 갈게요~~!!”라고 말하면 “싫은데요. 그냥 얼른 좀 해주세요!”라고 말씀하시는 분은 지금까지 단 한 분도 없었다. 디자이너가 어디서 놀다가 일부러 늦게 오는 것도 아니고, 내 차례가 되면 그가 온 마음을 다해 몰입과 정성을 다할 것을 알고 있기 때문이다.

‘내 담당 디자이너는 진짜 몰입해서 일하고 매번 정성을 다해 나를 진정성 있게 대해준다’라는 인식이 쌓이면 신뢰가 형성된다. 이때부터는 화려한 수식의 말이나 긴 설명도 사실 필요 없다. 제품 성분보다 ‘나’를 믿기 때문에 제품 구매도, 필요한 여러 시술도 모든 것이 자연스럽다.

해바라기가 태양을 바라보듯 고객을 보자

나는 고객이 트리트먼트 시술을 받을 때 고객의 모발을 잡고 스태프와 기도를 한다. "우리가 바르고 있는 이 제품이 쏙~쏙~ 잘 흡수되게 해주세요" 누가 보면 미쳤다고 하고 실제로 신입생들은 나를 약간 이상한 사람으로 본다.

하지만 죽어있는 양파에 '난 너를 사랑해'라는 긍정적인 말과 '나는 네가 정말 싫어'라는 부정적인 말을 2주 동안 하면 두 양파의 상태가 확연히 달라지는 실험을 한 번쯤은 들어본 적이 있을 것이다. 나는 이 실험을 접하고 바로 모발에 적용했다.

고객의 반응은 어땠을까? 나를 미쳤다고 하고 부담되고 싫다 하셨을까? 정반대였다. 처음에는 '풉' 하고 웃으시지만 이렇게까지 온 마음을, 온 정성을 다한다고 시술 내내 정말 행복해하셨다. 이쯤 되면 케어 후의 결과는 말할 것도 없다. 다른 곳과는 정말 결이 다르다고 극찬을 하시며 내게 엄지를 보여주신다. 나는 그저 정말 복구가 되길 바라는 마음을 '기도'로 표현했을 뿐이다.

고객의 머리를 직접 만지는 전문가인 이상 고객을 맞이할 때는 철저히 내 마음이 고객에게로 향해 있어야 한다. 그리고 프로라면 자신만의 일의 원칙은 분명 있어야 한다. 주기가 길어지는 고객에게 연락을 하고, 머리를 하고 간 고객에게 관리는 잘되는지 불편한

곳은 없는지 연락을 하기에도 하루가 너무 짧다.

일하는 도중에 머릿속으로 떠올리고 있던 고객이 문밖을 스쳐 지나가기라도 하면 얼마나 반가운지 버선발로 달려나가 누가 시키지도 않아도 큰 소리로 넙죽 인사를 하게 된다.

"어머, ○○ 고객님~~~!!"

사람이라면 이 가식적이지 않은 인사를 누가 싫어하겠는가? 말로만 "오늘 잘해드릴게요~ 예쁘게 해드릴게요~!"가 아니라 정말 마음속 깊이 '어떻게 하면 정말 손상되지 않게 할 수 있을까?', '이 고객은 요즘 왜 뜸하시지? 바쁘신가?'처럼 진심으로 온 마음을 다해 고객에게 몰입하면 내가 생각한 만큼 고객이 모인다.

그리고 그 마음을 외적으로 조금만 표현해도 고객은 평소에 나에 대해 가지고 있던 생각에 '저 디자이너는 참 좋은 사람이야'라는 감정까지 추가로 더 보충된다. 억지로 잘 보이려 하지 않아도, 화려한 수식어가 들어간 언어로 세일즈하지 않아도 고객은 나와 나의 서비스를 선택한다. 명심하자. 고객도 나와 같은 사람이다.

02 ——— 고객에게 정확한 정보를 주어라

외관보다 사람이 중요하다

요즘 들어 미용실에 다른 산업 공간이 믹스되기도 하고 프랜차이즈가 아닌 매우 이색적이고 감각적인 개인 미용실도 늘어나고 있다. 그런데 문제는 이런 잘 차려진 외형이 아니라 그 안에 '일하는 사람'이다. 고급 브랜드와 좋은 환경 안에서 일하는 사람 중 몇몇은 본인이 그 브랜드 자체 또는 그 건물 자체인 것처럼 상당히 거만하게 행동할 때가 있다.

2015년 12월 10일에 오픈한 나의 2호점 헤어숍도 엄청 고급스럽고 멋졌다. 밖에서 보면 이곳이 바(bar)인지 미용실인지 구분이 어려울 정도로 무척 독특한 콘셉트를 뽐냈다. 지금에야 고객이 많이 늘어나 주저 없이 헤어숍 안으로 들어오시지만 단골 고객이나 소개로 디자이너를 찾아오는 분을 제외하고는 쉽게 들어오지 못하는 고객도 아주 가끔 있었다.

2호점 오픈 교육을 할 때 "우리 헤어숍의 인테리어가 무척 톤이 낮고 고급스러우니 고객에게 다가가는 우리는 매우 자연스럽고 편안해야 이 공간에 정말 의미가 생기고 이곳에 머무는 고객들도 진심으로 편안해진다"라는 메시지를 여러 차례 전달했다. 즉 '문턱을 낮추자'라는 의미였다. 왜냐하면 사람은 조금 비싼 수준의 돈을 지불할 때 물리적 고통을 느끼는 인슐라(Insula)라고 하는 뇌 속 부위가 활성화되기 때문이다. 그러므로 고객은 반사적으로 '바가지 쓰지 말아야지', '다른 상품은 추가하지 말고 내가 딱 원하는 것만 하고 나와야지'라고 자신을 스스로 통제하려고 한다.

화려하고 낯선 환경일수록 또는 신뢰가 없을수록 자신이 마음속으로 생각한 금액과 지불할 금액 사이에 폭이 클 수 있다는 염려가 커지기 때문에 이런 통제 판단은 더 심해진다. 어디서든 서비스가 애초에 자신이 생각하고 온 것 이상의 추가 권유를 받는 것이 부담스러운 것이 바로 이 이유에서다.

옵션은 옵션이 아니다

미용실을 찾아가면 꼭 추천받는 최고 단골 메뉴가 모발이나 두피 트리트먼트다. 미용인이 헤어 디자인을 할 때 '영양분을 많이 주었는가, 주지 않았는가'에 따라 시술의 결과도 많이 달라지기 때문에 반드시 필요하다. 하지만 고객 입장에서는 여태껏 트리트먼트를 굳이 하지 않아도 내 모발에 큰 이상이 없었거나 또 했다고 해도 시술자에 따라 탁월한 경험을 해보지 않았다면 굳이 생명과도 직결되지 않는 이 시술을 추가해서 받을 이유가 없다.

그래서 생겨난 말이 바로 '트리트먼트 옵션'이다. 이것이 기능적으로 왜 필요한지 소비자 입장에서 근본적으로 납득되지 않았기 때문에 고객은 이것을 '매출을 올리기 위한 추가적인 메뉴'라고 이해하고 본인을 설득한다고 생각하는 것이다.

그리고 근본적으로 반드시 필요한 이 메뉴를 '매출을 올리기 위한 추가적인 메뉴'라고 고객들이 생각하게 만든 건 100퍼센트 미용인들의 잘못이다. 이 부분이 같은 미용인으로서 굉장히 안타깝다. 대표적인 메뉴로 트리트먼트를 얘기했지만 사실 고객이 '오늘은 이걸 해야겠다'라고 마음먹은 시술 이외의 어떤 시술이라도 옵션이 되어버릴 수 있다.

상담의 중심을 매출이 아닌 가치에 두자

나는 전 회사에서 세일즈 강사를 다년간 했었다. 이런 현장 경험을 토대로 현업의 다른 세일즈 강사들보다 더 강조한 것이 있다. 바로 '나의 관심의 대상'과 '정보의 전달'이다. 헤어디자이너들은 보통 한 달 단위로 본인의 몸값이 결정되고 급여가 정해진다(매출과 상관없이 정해진 월급을 받는 곳도 있다). 그러다 보니 상담의 중심이 '고객과 나의 가치'가 아니라 '오늘의 매출'이 목표가 된다. 본인이 몸담고 있는 브랜드나 숍의 그럴듯한 인테리어만 믿고 고객에게 과한 금액의 시술을 권한다(개인의 태도 문제). 그런 자세로 임하는 디자이너에게 상담받은 고객들은 뭔지 모르게 마음이 불편해진다. 불편한 상담이었어도 결과가 잘 나오기만 한다면 그 어떤 고객이라도 한 번쯤은 이해를 해주신다. '좀 비싸긴 해도 예뻐!'라고 하면서 말이다. 그런데 결과까지 좋지 않을 때는 어떨까?

'트리트먼트한 머리 맞아?', '숍에서 마무리해줬을 때랑 스타일이 다르잖아'처럼 디자이너의 공이 온데간데없이 사라진다. 그리고 이런 경험을 한 고객들은 다음에 숍을 방문해도 트리트먼트는 하지 않을 확률이 높다. 예를 들어 고객의 머리가 손상이 많은 어깨 아래 10센티미터 길이의 층이 많은 웨이브라고 가정하자.

A. 나의 관심이 '오늘 매출'에 집중된 경우

고객 : "선생님, 저 굵은 C컬 펌 하고 싶어요."

디자이너: "아, 그러시군요. 네 알겠습니다. 지금 모발의 손상이 많기 때문에 케어까지 함께 펌하면 ○○○원입니다."

B. 나의 관심이 '고객과 나의 가치'에 집중된 경우

고객: "선생님, 저 굵은 C컬 펌 하고 싶어요."

디자이너: "아, 그러세요? 혹시 그렇게 하고 싶은 이유를 여쭤봐도 될까요?(고객의 대답을 듣고 공감을 한 후) 샴푸를 하고 나니 제가 생각했던 것보다 다행히 컬이 더 많이 남아 있네요. 지

금 남아 있는 컬을 유지하고 커트로 길이에 변화를 주면 고객님이 원하는 굵기의 컬도 표현이 될 것 같아요. 다만 손상이 있는 머리는 컬의 탄력도 원하는 만큼 유지되기 어려운 것이 모발의 특징이기 때문에 펌 대신 펌 비용으로 케어를 받으시는 건 어떠세요?"

모든 상황을 글로 다 표현하기는 어렵지만, 여러분이라면 어떤 디자이너에게 머리를 맡기겠는가? 아마 B 디자이너 쪽이 더 많을 듯하다. 그리고 헤어 일을 하고 있는 사람도 지금은 B라고 대답했어도 막상 실전에서는 A처럼 할 때가 있을지도 모르겠다. 그 이유는 나의 주된 관심이 '고객과 나의 가치'에 있는 게 아니라 '오늘 매출'에 있기 때문이다.

회사의 제도상 성장하는 디자이너들의 동기부여를 위해 고매출자에게 박수를 쳐주다 보니, 내면이 탄탄하지 못한 디자이너들은 브랜드나 화려한 인테리어를 믿고 매출액이 '나의 가치'인 줄 착각하는 것이다. 이렇게 고객의 소비를 즉흥적으로 자극한다면 어떤 직업이든 생명력이 분명 짧을 수밖에 없다.

생명력을 길게 유지하는 비즈니스를 하라

나의 관심의 대상이 오늘 꼭 해야 하는 매출이라면 고객에게 불필요한 메뉴도 조금은 과하게 추천할 것이다. 그러나 고객이 꼭 원하고 지금 당장 고객에게 필요한 시술이 무엇이며 그 결과 나의 관심 대상으로 둔다면 아마도 다음과 같은 내용을 중심으로 상담을 하게 될 것이다.

- 지금 고객에게 필요한 것은 무엇인가?
- 지금 원하는 스타일이 가능한가? 어렵다면 이유는 무엇인가?
- 고객이 원하는 스타일은 나의 제안 플랜으로 하면 향후 어느 정도 기간 후에 완성되는가?
- 여기에 필요한 시술은 무엇인가?
- 관리 시 필요한 도구나 제품은 무엇인가?

디자이너는 전문가로서 정보만 드린다. 이것이 핵심이다. 나는 정보만 제공하고 결정권은 고객에게 주는 것이다. 고객이 여러 정보 안에서 헤매지 않고 최대한 쉽게 선택할 수 있는 '가이드 역할'을 잘 하는 것이 진짜 세일즈고 고객이 진짜 즐거운 소비를 할 수 있게 도와주는 길이다.

이때 말하는 사람의 말 속 정보들의 의미가 왜곡되지 않고 잘 전달이 될 수 있도록 제일 먼저 필요한 것이 바로 '고객에게 향해 있는 진정성'이고 그다음이 가격 전략, 여러 심리 전략이다. 이러한 것들을 조금 믹스하는 정도로도 나의 가치와 고객의 만족도가 충분히 채워진다.

사실, 여러 가격 전략을 굳이 쓰지 않아도 고객은 우리의 관심이 돈에 있는지 고객에게로 향해 있는지 삶의 연륜으로 그리고 인간의 육감으로 바로 알아챈다.

소위 '옵션'이라고 불리는 추가 상품을 과하게 추천하지 말고 다양한 정보를 펑펑 넘치게 주고 선택은 고객이 하게끔 하자. 마치 좋은 제품을 본인의 의지로 선택했을 때의 '현명한 소비자'가 된 그 뿌듯한 느낌을 나로 인해 매 순간 느끼실 수 있도록 말이다.

03 상식을 뒤집는 역발상

경고문에도 담배 소비가 느는 이유

2018년 중간계캠퍼스에서 마케팅과 경영에 대해 배우며 제대로 공부하는 즐거움을 맛보았다. 부모님이 수업료를 내주실 때는 공부하지도 않다가, 내가 번 돈을 수업료로 직접 내고 공부하게 되자 '공부가 재미있다'고 말하는 사람들의 심정이 그제야 이해가 되었다. 실무에 연결된 이론을 만나면 더할 나위 없이 속이 시원했다.

공부하던 중 내 무릎을 탁 치게 만든 논문도 여러 개가 있었는데, 그중 하나가 바로 지금 소개할 논문이다. 이 논문을 접하고 나서 앞 장에서 말한, 지금 당장 시술하지 않아도 그것이 정말 고객을 위한 것이라면 마땅히 그렇게 해야 한다는 확신을 갖게 되었다.

이스라엘 텔아비브 대학교의 야엘 스테인하트(Yael steinhart) 연구팀은 담배를 이용해 '해석 수준 이론(Construal-level theory)'을 연구했다. 그들은 담배 포장에 적혀 있는 경고 문구 내용을 현재 일어날 일이 아니라 먼 미래에 일어날 일인 것처럼 작성하게 되면 그만큼 소비자들이 위험성을 덜 느낀다는 것을 발견했다.

야엘 스테인하트 연구팀은 71명의 흡연자에게 담배의 경고 문구가 있는 것과 없는 것을 각각 보여주고 지금 구매하면 바로 배달되는 조건과 지금 구매하면 3개월 후에 배달된다는 조건 중 하나를 선택하라고 했다. 그러자 경고 문구가 있고 3개월 후에 배달되는 조건이 5배나 구매 의향이 높았다. 즉, 제품에 대한 경고 문구가 시간 거리를 두자 나와는 먼 이야기로 느껴지고 오히려 조심하라고 써놓은 문구가 '신뢰감'을 높여 역설적으로 소비를 촉진한다는 것이다.

미용에서도 마찬가지다. 만약 머릿결이 많이 상해 있는 고객이 펌처럼 머릿결이 상할 수도 있는 시술을 원한다면 바로 해주는 게 아니라 오히려 지금은 머릿결이 많이 상해 있으니 어떤 방법으로 케어하고 어느 정도의 시간이 지난 후에 머리를 하는 게 좋을 것 같다고 솔직하게 말해드려야 한다. 여기서 내가 하고 싶은 말은 담배 경고 문구처럼 오히려 솔직하게 부정적인 부분에 대해 말하는 게 신뢰를 얻어 재방문의 기회를 높일 수 있다는 것이다.

눈앞에서 제품을 검색해보는 고객들

요즘은 헤어숍에서 시술을 마친 후 헤어디자이너가 고객에게 맞는 제품을 추천하면 예전과는 다르게 미용인 바로 앞에서 인터넷으로 상품을 검색하곤 한다. 불과 몇 년 전만 해도 "알겠어요~" 하고 퇴점 후에 알아보곤 했는데 요즘은 고객들이 대놓고 검색하신다.

직원들은 애써 괜찮은 척하지만 이런 상황을 처음 겪고 나면 나에게 와서 이런 일이 있었다며 고민 상담을 하곤 했다. 물론 나 또한 맨 처음에는 당혹스러워했던 것이 사실이다. 현장 경험치가 쌓이고 이론 공부들을 하면서 요즘은 이렇게 응대한다.

고객 : "선생님, 이 제품 말씀하시는 거 맞아요?"

디자이너 : "네~~맞아요! 고객님, 이 제품이에요. 제가 추천해드린 제품과 동일한 제품이니까 바로 주문해서 쓰세요!"

그러고는 제품의 사용법도 충분히 알려드린다. 심지어 사용하다 방법을 잘 모르겠거나 궁금한 게 생기면 다음에 방문하실 때 가지고 오라고도 안내해드린다.

당신이 고객 입장이라면 어떻겠는가? 인터넷을 찾아 미용인에게 물을 수도 있고 묻지 않고 혼자 조용히 주문 후 사용할 수도 있겠지만 대놓고 앞에서 물었는데 미용인이 응대를 위 예시처럼 한다면 무척 좋은 기분이 들 것이다.

'어, 자기한테 안 사도 이렇게 정보를 많이 준다니 고마운걸?', '이렇게 잘 설명해주시는데 다른 데서 산 걸 미안하게 어떻게 가져와' 등 아마 인터넷으로 구매를 하든 안 하든 이와 비슷한 고마운 마음이 드는 게 맞을 것이다.

그리고 만약 미용인들의 태도가 여전히 좋다고 가정을 한다면 인터넷으로 제품을 사다가도 한 번은 헤어숍에서 사게 되는 것이 고객의 마음이다.

진심 어린 조언으로 신뢰를 쌓다

이 책을 집필하고 있는 시기의 어느 날 엄마가 넘어져 이마를 심하게 다치신 적이 있었다. 근처 병원을 찾다가 방문 전에 전화를 먼저 하고 예약을 하려던 차에 병원에서 유선으로 이런저런 상담을 하더니 "고객님, 제가 환자의 상태를 들어보니 저희 병원보다 바로 옆 병원이 그 시술은 더 잘한답니다. 번호를 알려드릴 테니 예약하시고 그 병원으로 가보시겠어요?"라는 답을 들었다.

결과는 어땠을까? 나는 전화 상담을 해준 병원에 감사한 마음을 갖고 엄마와 해당 병원으로 가서 치료를 받았다. 그분의 말 한마디로 시간 절약을 할 수 있었다.

나는 미용인이긴 하지만 미용에 관련된 현장 업무 이외에도 많은 일을 하기 때문에 시간을 소중히 쪼개고 아껴서 사용한다. 이 시간의 효율을 생각할 때 가끔 남자들이 부러울 때가 있는데 바로 화장이다. 화장은 생각보다 시간이 걸리기 때문이다. 나는 화장하는 시간을 절약하면서 좀 더 예뻐지는 얼굴을 어떻게 만들 수 있을까 고민하다가 속눈썹 연장 시술을 2년 정도 받았다.

하지만 모든 시술에는 장·단점이 있듯이 지속적인 시술에 나의 진짜 속눈썹이 많이 없어졌다. 숍을 방문할 때마다 나를 담당해주시는 원장님이 말하길 "대표님, 눈썹 베이스가 많이 약해졌는데 조금 쉬시다가 다시 연장하면 어떨까요?" 하며 제안해오셨다. 그 이유에 대한 설명을 진지하게 많이 해주고 영양제도 선물로 주셨다.

아마 나는 몇 달이 지나면 다시 연장을 할 것이고 그때는 어김없이 이곳을 다시 찾아갈 것이다. 이 숍의 원장님은 관심의 대상이 돈이 아닌 '고객'이었고, 내가 방문하지 않은 몇 달 동안 그만큼 수입은 줄었을지 몰라도 진심 어린 조언으로 나에게 신뢰를 얻었다.

고객이 어떤 선택을 할지 걱정하고 이것저것 제안하는 것보다 다음과 같이 제안하는 것이 효과가 더 좋다.

- 현 상태를 정확히 파악한 후 그에 맞는 충분한 정보를 드려야 한다.
- 쉽게 결정할 수 있는 툴(타협 효과, 유인 효과 등)을 만들어야 한다.
- 부정적인 정보도 함께 드려야 한다면 조심스럽게 말을 하고 지금 당장보다 더 좋은 타이밍을 알려드린다.

예를 들어 "고객님, 지금은 안 하는 게 어떨까요? 지금 하면 두피 건강에 좋지 않습니다"라는 경고 문구, 즉 정보의 부정적인 정보를 전달했다고 하자. 시간이 지남에 따라 고객의 마음이 '솔직하게 자신이 긍정적인 결과를 낼 수 없다는 것을 말할 정도이니 믿을 수 있겠는걸?'이라는 긍정적인 마음으로 변하면서(이것을 '수면효과'라고 부른다), '고객의 신뢰'라는 돈과도 바꿀 수 없는 엄청난 무기를 얻을 수 있게 될 것이다.

이것이 앞서 말한 '해석 수준 이론'의 원리다. 이 사실을 앞으로는 잊지 말자! 눈앞에 보이는 고객과 돈이 전부가 아니다. 돈과 내 가치를 바꾸지 말자.

우리가 아는 상식은 상식이 아닐 수도 있다

우리가 아는 상식은 상식이 아닐 수도 있다. 경고문이 오히려 담배 소비를 늘리고, 지금 하지 말라는 미용인의 조언이 고객의 구매 욕구를 오히려 불러일으켰듯이, 비즈니스 세계에서도 소비자와 판매자의 대화에는 정해진 룰이 없음을 기억할 필요가 있다.

사람은 상식이나 인식보다 감정이 앞선다. 언제, 어떤 순간이나 눈앞의 이익보다 '내가 고객 입장이라면!'이라는 역지사지의 마음을 앞에 놓고 진실을 담아 권유하자. 진부해 보이더라도 중요한 점이다. 내가 싫으면 상대도 싫은 게 분명하다.

분위기에 압도되어 몇 개월 할부로 머리를 할지라도 나(고객)의 정신을 현실로 돌려놓아준 고마운 사람, 고마운 숍이 되어야 한다. 비즈니스는 속도보다 진정성이다.

04

고객의 뇌에 불 붙지 않도록 가격을 책정하라

감만으로는 부족하다

수년 전부터 정확한 소비자의 반응을 알아내기 위해 뇌 과학과 마케팅의 결합이 무수히 시도되고 있다. 사람의 입은 경우에 따라 간혹 거짓된 말도 하지만 사람의 뇌는 좀처럼 거짓말을 하지 않기 때문이다.

뇌는 들어오는 자극물의 정도에 따라 무의식적으로 반응한다. 거짓말 탐지기가 있는 것처럼 사람의 뇌는 아무리 거짓말을 하려 해도 할 수가 없는 구조다. 뇌 과학을 활용해서 사람들의 반응과 진심을 알아보는 근본 이유이기도 하다. 나는 이러한 사람의 근본적인 생각과 행동을 중점으로 둔 이론들이 무척 궁금했다. 특히 스태프 시절 선생님의 오더를 받아 고객에게 가격 상담을 할 때 말로 설명할 수 없는 어떠한 불편함을 느꼈다.

그래서 선배들에게 '가격 상담을 왜 이런 방법으로 하나요', '고객이 거절하면 어떻게 해야 되나요' 등 질문을 했다. 그러나 이렇다 할 뾰족한 대답을 듣지 못했다. 나이가 들고 경력이 쌓여갈수록 물어보기가 더 어려워졌지만 그럴수록 경험에 따른 '감(Feel)'에만 의지하고 싶지는 않았다.

나는 개인적으로 가격 상담이 제일 어려웠다. 시술 상담 스킬은 내 몸에 맞는 옷을 입은 듯 자연스럽고 문제가 없었지만 가격 이야기를 할 때는 좀 전까지 친했던 고객과 약간의 보이지 않는 '감정의 줄다리기'를 하는 것만 같은 느낌이었다. 아마 누구나 프로가 되기 전까지는 이런 감정을 분명 느낄 것이다. 나는 어느 뇌 실험 연구를 통해 이 애매한 감정의 해답을 얻을 수 있었다.

고객은 즐거움과 괴로움 사이에서 소비한다

2007년 스탠퍼드 대학교의 브라이언 넛슨(Brian Knutson)교수의 연구팀은 소비자들의 구매 행동에 따라 뇌가 어떤 행동을 하는지 뇌 실험을 통해 살펴보았다. 연구팀은 26명의 피험자들에게 20달러의 현금을 주고, 40여 가지의 제품을 스크린을 통해 하나씩 보여준 후 구매를 결정하게 했다.

40여 가지의 제품들은 MP3플레이어, 드라마 DVD, 초콜릿, 티셔츠 등이었고 피험자들에게 주어진 20달러로는 모든 제품을 다 살 수는 없었다. 여러 제품 중 꼭 원하는 제품 몇 가지만 선택을 해야만 하는 상황을 만든 것이다.

4초 : 제품 사진 + 브랜드명 → 4초 : 가격 → 4초 : 구매 의사결정 → 2초 : 쉬는 시간

제품 사진과 브랜드명, 가격, 구매 의사결정 단계마다 4초의 시간이 주어졌고 2초간의 쉬는 시간을 거친 다음 또 다른 제품을 선택하는 식으로 실험이 진행되었다. 이때 각 제품의 가격은 다양하게 제시되었다. 이 모든 과정에서 일어나는 실험 참가자들의 뇌의 변화를 자기공명영상(MRI)을 통해 분석했다. 결과는 너무도 흥미로웠다. 자신이 좋아하는 상품을 보면 쾌락 중추가 활성화되고 행복 호르몬인 도파민이 신경계를 따라 흐르고 조금 비싼 수준의 가격을 보게 되면 물리적 고통을 느끼는 인슐라가 활성화되어서 마치 뇌가 불에 데이거나 칼로 살을 베는 듯한 고통을 느꼈다.

다시 말해 제품을 보면 즐거워지고 가격을 보면 괴로워지는 감정 사이에서 고민하다가 살지 말지를 결정한다는 것이다. 그런데 여기서 재밌는 것은 좋아하는 제품을 볼 때 느끼는 행복감보다 가격을 보았을 때 느껴지는 고통의 정도가 2~3배 정도 더 강력하다는 것이다.

뇌는 쌓인 접시의 수만큼 가격을 지불해야 되는 회전초밥처럼 품목당 가격이 있는 가격 지불 방법을 싫어한다. 그렇기 때문에 눈앞에서 돈이 나가지 않는 신용카드나 무이자 할부 등이 쇼핑의 즐거움은 늘리고 고통은 비교적 적게 주는 대안으로 나온 것이다. 이

멋진 연구를 접한 후 나는 왜 내가 윈도쇼핑만 해도 기분이 좋고 나를 포함 그 누구든지 돈을 지불하기 전에 잠시나마 고민을 하는지 속 시원하게 알 수 있었다.

다양한 세트 메뉴를 구성하라

나는 이 실험을 알게 된 후 직원들의 시간과 에너지를 아끼고 고객들의 뇌에 불이 붙는 듯한 고통을 최소화하기 위해 우리 헤어숍의 가격 부분을 많이 수정했다. 회전 초밥처럼 하나하나의 단품에서 느껴지는 고객들의 지불 고통을 줄이기 위해 헤어 시술 메뉴 중 단일 시술을 30퍼센트 이상 차근차근 줄여나갔다.

고객이 시술 메뉴판을 보거나 디자이너들의 설명을 들으면서 손해가 아닌 이익이라고 느낄 수 있도록 메뉴를 묶고 가격을 합리적으로 제시했다. 그리고 꼭 해야 하는 기본적인 시술을 중심으로 두고 이벤트나 기간별로 행사 콘셉트에 맞게 추가 시술을 붙여 메뉴를 구성했다. 프로모션도 시술 따로 제품 따로가 아닌 믹스된 프로모션으로 구성했다. 여러 번의 프로모션 실패 경험을 토대로 철저한 수량 준비와 고객 홍보도 체크했다.

헤어숍은 여전히 세금 문제(비용 절감 부분보다 의외로 인건비 부분이 크다)로 현금을 유도하는 곳이 아직도 있지만 나는 더 큰 그림을 목표로 했고, 이를 위해 인력을 보충하고(미용은 100퍼센트 수작업) 고객들이 결제에서 느끼는 고통을 최소화하기 위해 직접 비용 지출이 없는 간접 지출인 신용카드의 지불 정보와 편리함을 높였다.

이렇게 꾸준히 작은 변화를 해나가자 감사하게도 매출은 4년 연속 성장했고 프로모션을 할 때마다 기록도 경신할 수 있었다. 한국의 통신회사들도 데이터 사용에 따른 과금에서 월 정액제로 바꾸자 소비자 사용량이 많이 증가한 것처럼 숍 비즈니스는 뇌가 좋아하는 지불 방식을 활용해 즐거움을 늘리고 고통은 줄이는 소비 전략을 써야 한다.

미끼를 물게 하는 가격 책정 방식

고객들이 가격을 안내받고 고민하는 이유를 알았다면 이제는 고객에게 제안하는 두세 가지의 선택지 중에 내가 더 원하는 방향으로 고객이 선택할 수 있도록 해야 한다. 이를 유인 효과라 한다. 다른 말로는 미끼 효과(Decoy effect), 비대칭 지배 효과라고 한다. 여러 가격 안에 미끼를 써서 미끼 옆에 있는 것이 더 돋보이게 함으로써 고객이 내가 설정한 선택지를 결정할 수 있도록 하는 일종의 트릭이다. 몇 년 전 처음으로 이 내용에 대해 공부했을 때 '와 진짜 똑똑하다!' 하고 감탄을 금할 수 없었다.

사람들은 보통 무언가를 선택할 때 극히 예외인 몇몇 사람을 제외하고는 보통 극단적인 것을 싫어한다. 그래서 세 가지 중에 무언가를 선택하라고 하면 가운데 것을 선택할 확률이 보통 60퍼센트다. 그런데 여기에 미끼 효과를 활용하면 가운데 선택지를 선택할 확률이 80퍼센트로 증가한다. 전 국민이 꼭 받는 건강검진을 예로 들어보면 다음과 같다.

미끼가 없는 건강검진 가격 리스트

30만 원	50만 원	70만원
30항목	50항목	70항목

자, 위 표를 보았을 때 여러분들은 얼마짜리 건강검진을 선택할 것인가? 혜택도 비용도 1:1:1의 관계이기 때문에 서로 비교가 가능하다. 이런 경우에는 보통 너무 적지도 또 너무 많지도 않은 적절한 가운데의 것을 선택할 확률이 높다. 만약 대안이 두 개일 경우에는 더 저렴한 쪽으로, 대안이 세 개일 때는 가운데의 것을 선택하는 확률이 높아지는 것이다. 이런 선택을 타협 효과(Compromise effect)라고 한다. 이번에는 미끼 효과를 활용해보자.

미끼가 있는 건강검진 가격 리스트

30만 원	50만 원	70만 원
30항목	60항목	65항목

여러분들은 이번엔 얼마짜리 건강검진을 선택할 것인가? 아마 바로 1:1:1의 계산은 안 되어도 대부분 70~80퍼센트가 50만 원대의 검진을 선택할 것이다. 50만 원 건강검진이 30만 원 건강검진보다 더 많은 항목의 검진을 하며 70만 원 건강검진보다 더 저렴하고 가격 대비 항목도 더 많기 때문이다. 나는 이 효과를 헤어숍 프로모션에 적용해 진행해보았다.

미끼가 없는 헤어숍 프로모션 가격 리스트

10만 원	15만 원	20만 원
A펌+A케어	A펌+B케어	A펌+C케어

미끼가 있는 헤어숍 프로모션 가격 리스트

10만 원	15만 원	22만 원
A펌	A펌+D케어	A펌+α

이런 형식으로 가격 리스트를 30가지 이상 만들어 여러 차례 진행한 결과 매출이 10~20퍼센트 증가한다는 것을 직접 경험할 수 있었다. 만약 미끼가 없는 가격에서는 1억 원을 벌었다면, 미끼 효

과를 활용하자 매출이 1억 2,000만 원에서 3,000만 원까지 증가한 것이다. 헤어숍뿐만 아니라 홈쇼핑, 상조사, 배달 음식, 식당 메뉴판부터 SNS 마켓, 인터넷 쇼핑까지 알고 보면 우리 생활 곳곳에 아주 깊숙하고도 밀접하게 유인 효과를 많이 접목해놓은 것을 발견할 수 있다.

이 미끼 효과, 유인 효과는 어느 매장이나 적용할 수 있다. 헤어숍이든 네일숍이든 아니면 규모가 다른 각 사업장이든 고객의 뇌를 불타오르지 않게 하며 매장 가격을 합리적으로 받아들이게 하는 전략은 반드시 존재한다. 관건은 이를 각자 자신의 비즈니스에 어떻게 활용할 것인가에 있다.

05 —— 선택지가 많으면 안 좋은 이유

광고의 홍수에서 살아남기

책을 내기 위해 아이를 재우고 밤늦게 노트북을 펼치거나 새벽까지 글을 쓰다 보니 시간이 갈수록 눈이 점점 침침해지는 것이 느껴졌다. 그제야 '스탠드가 필요하겠구나'라며 스탠드를 사기 위해 인터넷 검색을 하기 시작했다. 수백 개가 넘는 제품이 있었다. 기능이 적힌 글을 읽어봐도 딱히 무슨 차이가 있는지 모르겠고 가격은 또 왜 이렇게 천차만별인지……. 후기를 보고 판단한다지만 일일이 다 읽어볼 수도 없고 도저히 결정을 내릴 수가 없었다. 결국 남편에게 골라달라고 부탁했다.

하루 뒤 남편은 디자인이 너무 튀지 않고 혼자 사용하기 적절한 사이즈로 골라 주문해주었고 지금도 그 스탠드 아래에서 글을 잘 쓰고 있다.

우리가 살아가는 이 사회는 물질적 풍요와 정보의 홍수 시대다. 미국 경제 잡지 《블룸버그 비즈니스위크》에 따르면 현대인은 하루 평균 3,000개 이상의 광고를 접한다고 한다. 정확히 아는 분야라면 몇 가지 기준을 두고 따져보겠지만 그렇지 않은 경우라면 선택의 폭이 넓어진 만큼 동시에 선택이 힘들어질 수밖에 없다. 그렇기 때문에 우리 비즈니스를 접하는 고객에게는 더 쉽고 더 편리하게 선택을 할 수 있는 환경을 만들어주어야 한다.

사람은 많을수록 못 고른다

미국 컬럼비아 대학교의 쉬나 아이엔가(Sheena Iyengar) 연구팀은 캘리포니아의 식품점 앞에 시식 테이블을 만들고 한쪽에서는 여섯 가지의 잼을 또 다른 한쪽에서는 스물네 가지의 잼을 시식할 수 있게 했다. 그리고 시식 후 두 테이블에서 발생하는 구매력의 차이를 비교했다.

결과는 매우 놀라웠다. 스물네 가지 잼이 있는 테이블의 구매율은 3퍼센트, 여섯 가지 잼이 있는 테이블의 구매율은 무려 30퍼센트에 육박했기 때문이다. 겉으로 보기엔 종류가 많을수록 더 비교를 잘한 후 구매 결정을 할 것 같지만 마치 내가 수많은 스탠드 목록을 보고 결정하지 못한 것처럼 인지적 과부하로 변별력이 없어져 구입을 미루거나 구입을 하더라도 만족도가 떨어진다는 실험 결과다.

분식집을 가면 선택할 수 있는 음식이 천지다. 그렇지만 뭘 골라야 할지 도통 모르겠다. 짜장면과 짬뽕이 함께 있는 짬짜면이나 여러 안주가 섞여나오는 모둠 메뉴가 이래서 나오게 된 거다. 정보가 많을수록 고객은 헷갈린다.

원하는 대답을 이끌어내는 질문

하루에도 수십 명을 상담해야 하는 미용인들은 상담의 어려움을 아주 많이 호소한다. 고객마다 성향이 너무나 다르고 모질(毛質)도 책에서 배운 예시 이외에도 무척 많다. 또한 각자 원하는 스타일도 여러 가지가 섞여 있는 데다 할 수 있는 헤어 디자인 시술들도 광범위하기 때문이다.

그렇기 때문에 상담을 할 때는 넓은 것에서 좁은 것으로 마치 깔때기에 물을 부어서 한 통으로 모으듯이 상담 내용을 좁혀나가는 것이 엄청 중요하다. 그러면 도대체 얼마큼 좁혀주어야 고객이 잘 선택할까? 결론부터 말하자면 두 개 아니면 세 개다. 예를 들어보자.

1. 한 가지만 알려주는 경우 : 단발로만 자르지 말고 파마를 해보는 건 어떠세요?

2. 두 가지를 알려주는 경우 : 단발머리에 물결펌을 해볼까요? C컬은 어떠세요?

1번처럼 한 가지만 알려주면 얼핏 생각해보면 파마를 한다 안 한다를 결정할 것 같지만 사실은 그렇지 않다.아주 잠깐 사이에도 '할까? 말까? 지금 할 시간이 되나? 이번엔 커트하고 다음에 할까? 남자친구한테 물어보고 할까? 친구랑 같이 와서 할까? 다음에 염색하면서 할까?' 등 당장 눈앞에 보이지 않는 그 이면에 더 많은 하지 않을 이유가 수없이 떠오르고 또다시 선택을 놓아버린다. 이런 현상을 '선택 마비 현상'이라고 한다. 선택 마비 현상은 선택지가 세 개를 초과하는 순간부터 생겨나는 자연스러운 현상이다.

하지만 두 번째 질문처럼 물결펌과 C컬 두 개의 선택지 앞에서는 하고 안 하고의 선택이 아니라 하긴 해야겠는데 어떤 것으로 할 것인지의 선택으로 되려 좁혀진다. 그러니까 고객 입장에서 시간만 허락한다면 오히려 선택이 더 쉬워지는 것이다.

경영도 심플하게

꼭 서비스나 판매에서만 해당하는 게 아니다. 내가 신입 디자이너들을 성장시킬 때도 마찬가지였다. 사실 펌이나 염색은 인턴 과정 때 현장에서 수없이 많은 실습을 하지만 헤어 디자인의 꽃인 커트는 그에 비해 사람에게 실습할 기회가 상대적으로 부족하다.

지인이나 가족들을 상대로 실전 연습을 한다 해도 현장에서 일하는 만큼 경험을 쌓지는 못한다. 이 말은 처음부터 신입을 모든 시술 영역의 고객에게 다 연결하면 고객 만족도가 떨어질 수 있다는 것이다. 그렇기 때문에 나는 무수히 많은 커트 디자인 중 신입 디자이너가 가장 자신 있는 스타일 한두 가지를 스스로 선택하게 하고 기간을 정해 이 스타일을 집중적으로 훈련하게 한 다음 훈련된 스타일의 고객들만 최대한 연결해준다. 그런 후 그다음으로 잘할 수 있는 스타일을 찾고 같은 방식으로 한 단계씩 훈련을 해나가도록 한다.

나의 신입 리더 시절, 신입 디자이너가 고객의 귀를 자르는 사고가 발생해 고객 앞에 무릎을 꿇은 일이 있었다. 헤어숍을 방문한 고객 중 단 한명이라도 놓칠까봐 남자 커트 디자인에 덜 숙련된 디자이너를 연결했기 때문이었다.

마지막 선택권은 고객에게 넘겨주되 절대 많은 선택지를 주어서는 안 된다. 너무 많은 선택지 앞에서 오히려 선택을 '회피'하게 된다는 사실을 잊지 말자.

06 ————

고객의 기대감을 확신으로 바꿔라

이유 없는 선택은 없다

사람은 하루에도 오만 가지 생각을 한다. 그리고 수없이 많은 선택을 하며 살아간다. 비즈니스를 하는 우리는 고객들의 그 수많은 선택 중 더 많은 확률로 우리의 선택지를 선택받아야 하는 기로에 서 있다. 하지만 세상 그 어떤 누구도 이유 없이 무언가를 선택하지 않는다. 어떤 것을 선택한다는 것은 그 선택을 통해 본인이 바라는 무언가의 욕구를 충족하기 위한 '기대감'에서 비롯된다.

예를 들면 영양제를 먹는다는 건 내 몸이 좀 더 건강해지길 바라는 기대감에서다. 책은 정보와 지식을 쌓고 싶다는 기대감, 여행은 힐링과 추억을 위한 기대감, 청소 도구는 좀 더 편하게 청소하고 싶다는 기대감으로 구매한다.

즉 어떤 '선택'을 한다는 것은 그 선택을 통해 나의 현재보다 미래가 좀 더 나아지길 바라는 욕구의 '기대감'을 사는 것이다. 만약 비즈니스 현장에서 고객의 선택을 많이 받지 못했다면 아마도 고객의 '기대 욕구'를 충분히 충족시켜주지 못했기 때문이다.

홈쇼핑을 보며 전화기를 집어드는 이유

헤어디자이너들에게 세일즈 강의를 할 때 가장 많이 예를 들어 비교하는 부분 중 하나가 바로 홈쇼핑이다. 홈쇼핑이야말로 세일즈 커뮤니케이션의 집약체이기 때문이다. 나는 직업이 미용인인지라 홈쇼핑의 많은 품목 중 헤어 관련 제품이나 미용 관련 제품에 단연 눈이 많이 간다. 가령 헤어기기로 예를 들어보자.

뿌리 부분에 볼륨을 주는 기기를 세일즈하는 광고 영상에서 기기 사용 전 장면은 모델이 울상을 짓고 있고 사용 후 장면에서는 모델이 환하게 웃고 있다. 사실 머리에 볼륨이 살았다는 것만으로 그렇게까지 웃을 이유는 없다. 그런데 가만 보면 바로 이 장면, 기기 사용 전과 사용 후의 모습을 보여주는 이 부분에서 쇼호스트들의 목소리에 힘이 더 들어가고 유난히 주문이 몰린다. 심지어 미용인인 나도 그것보다 더 성능이 좋은 여러 헤어기기들을 소장하고 있음에도 불구하고 바로 이 장면에서는 '저것도 한번 사볼까?' 하는 마음이 들 정도다.

그렇다면 이 시점에서 왜 고객들은 제품을 더 사고 싶어 할까? 그것은 바로 '저걸 사용하면 내 머리 볼륨이 살아서 지금보다 내가 더 젊고 예뻐질 수 있을까?' 하는 '기대감'이 '맞아! 바로 저거야!'라는 '확신'으로 변하는 진실의 순간이기 때문이다.

이.해.안.가? 그러면 잠이나 자!

쇼호스트 시절 무수히 많은 상품군을 다루고 현재는 기업의 세일즈를 자문하고 있는 세일즈 연구소 셀랩(SELLAB)의 황현진 대표는 어떤 상품이나 서비스를 소개하든 고객의 기대하는 바는 다섯 가지 요소에서 벗어나지 않았다고 정의했다. 그것은 바로 '이익, 해결, 안심, 가족, 자부심' 이다. 나 또한 이 다섯 가지 요소를 강의와 현장에서 많이 적용하고 있다. 내가 황 대표의 다섯 가지 요소를 내 헤어숍에서 실제 적용한 사례는 이렇다.

- 이익 : 오늘 할 펌을 통해 고객은 어떤 이익을 얻고 싶어 하는가?

이 질문은 고객의 기대 욕구와 이익에 관한 질문이다. 펌함으로써 얻어지는 젊음, 세련됨, 우아함, 귀여움, 발랄함, 손질의 편리함, 출근 시간 단축, 가격 등 이 여기에 속한다.

- 해결 : 고객이 느끼는 현재 스타일의 불편함을 얼마나 해결해 줄 수 있는가?

만약 곱슬머리가 불편함의 요소라면 곱슬을 제거해주고, 볼륨이 없는 것이 고민이라면 되려 볼륨을 넣어 불편을 해결해주어야 한다. 고객이 스트레이트로 잘 정돈된 연예인 사진을 미용인에게 보여주며 "이렇게 해주세요"라고 말해도 고객의 모질이 얇고 볼륨이 가라앉아 있어 볼륨이 필요한 상황이라면 보여준 사진이 스트레이트라고 그대로 시술을 했다가는 낭패를 보기 십상이다. 사진과 똑같지는 않아도 내 모질에 알맞게 불편한 곱슬을 펴야 볼륨을 남길 수 있기 때문이다.

• 안심 : '나'라는 미용인을 만나기 전까지 다른 헤어숍을 이용하면서 느꼈던 고객의 경험 요소 중에 불안 요소가 무엇인가?

이를테면 펌하면서 느끼는 손상인지, 항상 추가되는 시술 시간인지, 요청하는 것보다 늘 더 짧아지는 길이감인지, 여자 고객이라면 남자 스태프가 부담스러운지 등 불안 요소의 해결에 관한 부분이다.

이익, 해결, 안심 이 세 부분을 해결하기 위해서 가장 필요한 요소는 바로 '경청'이다. 내가 필요한 정보를 얻기 위해 고객에게 열린 질문을 많이 하고 내가 듣고 싶은 부분만 듣는 것이 아니라 이익을 주고 해결해야 할 포인트를 잘 찾아내야 한다. 해결할 필요 요소들을 잘 설명해주고 결정은 고객이 하는 것이다. 핵심 포인트는 지금 당장 해결하는 게 아니라 '설명'이다. 다시 한번 언급하지만 우리는 설명을 잘하고 쉽게 선택할 수 있는 방법을 제안만 하고 결정은 고객이 하게끔 한다.

- **가족** : 나 이외에 우리 가족들에게 이 미용실을, 이 디자이너를 소개하고 싶은가?

가족은 고객의 지갑을 열게 하는 최고의 명분이다. 나는 현장에서 본인의 머리에는 케어 시술을 추가하지 않아도 엄마 머리를 할 때는 펌과 함께 케어도 꼭 해달라는 요청을 백이면 백 번 모두 받는다. 나를 위해서는 돈을 아껴도 소중한 부모님을 위해서는 기꺼이 돈을 지불한다.

- **자부심** : 우리 헤어숍에서 머리를 하는 것이 고객이 느끼기에 '특별함'이 있는가?

가격이 확실히 가성비가 있든지, 스타일이 확실히 유니크함이 있든지, 사람을 대하는 태도가 확실히 좋든지, 고객이 원하는 것을 센스 있게 캐치를 아주 잘한다든지 등 그 무엇이든 '역시, 내가 선택을 참 잘했어'라는 스스로의 선택에 '만족감'을 느낄 수 있어야 한다.

사람은 자신의 욕구가 해결되는 기대감이 있을 때 선택을 한다.

그것이 헤어뿐만 아니라 어떤 물건이 되었든 무형 서비스가 되었든 '기대'가 '확신'으로 발전되지 않으면 선택도 하지 않고 비용도 지불하지 않는다. 내가 가진 무수히 많은 장점으로 이익, 해결, 안심, 가족, 자부심 이 다섯 가지의 욕구를 해결해나간다면 당신은 그 어떤 고객을 만나더라도 선택받을 것이다.

07 —————— 재방문의 네 가지 비밀

07 재방문의 네 가지 비밀

4p의 비밀

우리는 보통 어떤 곳에 재방문할 때 첫 방문보다 덜 긴장하면서 편안하게 방문한다. 또한 소비의 경계도 자연스럽다. 이런 이유는 이미 가보았던 곳의 정보가 내 기억 속에 하나의 폴더로 자리하고 있기 때문이다. 사업을 하려면 어떤 직종을 막론하고 신규 고객보다 우리를 찾아주는 단골 고객이 무조건 많아야 한다.

이 원리라면 딱 하나만 생각해보면 된다. 우리 숍을 이용하는 어떤 순간이 고객의 마음을 잡을 수 있는 접점인가? 나는 이것을 4포인트(4point)로 정의한다.

헤어숍 입점 전 → 입점 → 대기 → 상담 → 시술→ 완성/마무리 → 본인 만족 또는 귀가 후 지인들의 반응 → (만족했다면?) → 재방문/입점.

헤어숍에 방문하는 고객의 동선은 위와 같은 싸이클로 이루어진다. 이 지점들을 경험하면서 '아! 다시 가야겠다!'라고 결심하는 작은 포인트들이 있다. 바로 입점, 상담, 완성 및 마무리, 귀가 후 지인들의 반응 포인트다.

첫 번째 포인트 — 입점

강력한 앵커링 효과(Anchoring effect)가 일어나는 접점이다. 앵커링 효과에서 앵커(Anchor)는 배를 정박시킬 때 배가 떠내려가지 않도록 고정하는 닻을 의미한다. 앵커링 효과는 배를 고정하는 닻을 내리듯 사람의 머릿속에 특정 기준이나 이미지를 심어두어(닻을 내려) 판단의 범위를 제한(떠내려가지 않도록)하는 것을 말한다. 즉 특정 이미지를 상대의 머릿속에 주입시켜 원하는 방향으로 행동을 유도하는 것이다.

《번영의 법칙(繁栄の法則)》의 저자인 기타가와 하치로(北川八郎)는 그의 저서에서 "어떤 일이든 단지 상품을 팔고 사는 것에서 끝나는 것이 아니라 한 단계 위를 목표로 타인을 기쁘게 하기 위한 기도의 마음을 담으면, 일하는 사람도 밝아지고 인격과 운이 상승합니다"

라며 맛있는 빵에 기도하는 마음을 담으면 그것을 사 먹는 사람이 느끼게 되어 있다고 했다. 그리고 이것을 특별한 종교적인 의미가 아니라 인지상정이라고 말한다. 인테리어를 분위기 있게 하는 것, 음식 플레이팅을 예쁘고 맛있게 하는 것, 즉 실력만으로는 가게가 번영할 수 없다는 뜻이다. 오프라인 숍에서 가장 강력한 입점 부분의 앵커링 효과는 바로 '웃으며 인사'하는 태도다.

나의 숍을 방문해주는 고객을 축복하는 마음으로 기쁘게 응대하면 고객도 기쁘지만 그 마음을 전하는 직원들의 온화한 미소와 편안함이 '비법 양념'과 같은 역할을 하는 것이다.

이것이 선순환되면 문을 열고 들어오는 고객님에게 "안녕하세요!"가 어떤 에너지로 나오겠는가? 가식적으로 훈련된 인사와 위와 같은 마음으로 고객을 환대하는 것은 단순한 한마디 인사에서도 확연히 차이가 드러난다. 문을 열고 들어오는 순간 2초 만에 '이 에너지는 뭐지?' 하고 손님 마음속에서 감탄사가 나오게 해야 한다. 2초 만에 고객의 머릿속에 인사하는 '나'와 나 한 명으로 인한 '우리 숍'의 이미지가 정박하는 배를 묶어두는 닻과 같이 강력하게 결정된다.

두 번째 포인트—상담

누구든 지금보다 더 좋아지길 바라는 '기대하는 마음'으로 헤어숍을 방문한다. 빼어난 화술 따위는 필요 없다. 귀담아 듣는 일 60

퍼센트, 듣기 위해 좋은 질문을 하는 일 20퍼센트, 정보를 드리고 결정을 도와드리는 일 20퍼센트, 즉 나보다 고객이 말을 훨씬 많이 하는 것이 핵심이다.

토크쇼의 MC는 주인공이 아니다. 진행을 할 뿐이다. 초대 손님에게 마이크를 넘겨야 한다. 마음의 자세는 '내가 고객에게 무얼 더 줄 수 있을까?'에 초점이 맞춰져 있는 상태에서 귀를 기울이면 매출이 먼저가 아니라 고객이 먼저 눈에 들어올 것이다. 고객에게 줄 수 있는 이익, 우리 숍을 오기 전 혹은 이전 디자이너와의 만남에서 느낀 불편함을 해결하고, 고객이 오늘 방문한 이유에 집중하고 상담하자. '아, 한번 믿고 맡겨봐야겠다' 느끼게 되면서 고객의 긴장이 무장해제가 될 것이다.

세 번째 포인트—완성/마무리

온 마음을 담아 맞이하고 상담한 후 긴 시간 동안 시술까지 했는데 거울 앞에 마지막으로 앉았을 때 얻어지는 만족이 없다면 모든 정성이 수포로 돌아간다. 앞서 태도가 좋았다면 고객 중 몇몇은 다시 한번 기회를 주겠지만 머리가 다 완성돼 확인하는 순간은 상담했을 때의 기대감이 드디어 확신으로 되는 첫 순간이다.

이때 '바로 이거야, 내가 원했던 대로야!'라는 결과를 내주어야 한다. 길고 긴 줄을 견디고 멋진 음식을 눈앞에 맞이했을 때 나의 기대 이상인 맛을 느끼는 순간과도 같은 접점이다. 음식점에서 맛은 기본이듯이 헤어숍은 무슨 이유가 있어도 시술의 결과가 좋아야 한다. 좋은 것을 넘어 탁월하면 더 좋다.

여기에서 한 가지 더 좋은 팁을 말하자면 바로 고객의 오감을 즐겁게 해줘야 한다는 것이다. 시술 전과 시술 후의 나의 머릿결은 어떻게 바뀌었는지, 나의 소중한 모발에 무슨 좋은 제품을 바르는지 고객이 설명을 들으면서 오감으로 느끼면 다시 이 순간의 느낌을 느끼고 싶은 행동이 초기에 개입이 되는데, 이것이 앞에서 말했던 '초기 개입 효과'다. "꼭 다시 오세요!"라고 말하지 않아도 고객 스스로 오고 싶은 마음이 들도록 사람의 오감을 자극하며 개입을 시키는 것이다. 고객에게 긍정적 경험을 선물해주는 것 이상으로 더 강력한 재방문의 자극은 없다.

네 번째 포인트 — 귀가 후 지인들의 반응

스타일이 바뀌고 처음으로 타인에게 인정받는 순간이다. 고객의 가족들 모두가 고객 당사자와 같이 만족할 수는 없겠지만 타인으로부터 '어머, 너무 잘 어울린다!'라는 칭찬을 받는다면 자존감이 높아진다. 그리고 방문한 곳을 선택한 자신이 자랑스러워지는 순간이다. 스타일링을 하면서도 '알려준 대로 하니까 아주 잘되는데?'라고 생각하면서 고객의 기억이 숍과 연결되면 만족도는 급상승한다.

제3자들로부터 받는 칭찬은 고객 만족의 화룡점정이다. 이것을 올바른 의사결정을 하기 위하여 사회 증거에 따르려 하는 효과, 즉 '사회 입증 효과(Social Evidence effect)'라고 한다.

타인들로부터 환호를 받는 상품이나 장소를 다시 선택할 때 후회하지 않기 위해 돌다리를 두들겨보는 셈이다. 만족의 축적은 재방문의 결심이 된다. '여기만 가야겠다. 언제 다시 가볼까?' 하고 행복한 고민에 빠지는 단계다. (그 메뉴! 하면 떠오르는 곳 이어야 한다. '우리 업장을 다른 지인들에게 소개하고 싶을까?'를 생각해보면 좋겠다) 명심하자! 고객은 타인의 열망을 열망한다.

한 명을 만족시키면 250명이 따라온다

최고의 세일즈맨들은 한 명의 고객 뒤에는 250명의 가망 고객이 있다고 말한다. 내 눈앞의 고객이 백만장자라고 생각하고 어린아이 대하듯 정성스럽고 따뜻하게 대한다면 굳이 비싼 돈을 주고 신규 마케팅을 할 필요 없을 것이다.

나는 그 흔한 네이버와 인스타그램 등 SNS 마케팅을 한 번도 하지 않고도 재방문율이 꽤 높았다. 예를 들어 헤어숍에 오는 신규 고객이 한 명이라면 단골 고객은 평균적으로 30명 정도가 되었다. 어느 때는 이보다 더 높은 비율의 단골 고객 수를 확보하기도 했다. 다른 헤어숍과 비교했을 때도 전혀 낮은 비율이 아니었다.

고객은 단 한 번의 접점으로 재방문을 결정짓지 않는다. 나와 마주한 몇 분, 몇 시간 동안, 몇 차례의 만족 포인트에서 재방문을 최종 결정한다. 때마다 다른 감정 조절과 시시각각 변하는 실력보다 한결같은 긍정적 태도와 조금씩 날마다 더 좋아지는 실력으로 고객을 만족시키자. 그리고 신규 마케팅에서 당당히 해방되자. 재방문율이 비즈니스의 답이다.

5장

리더 다루기

나부터 성찰하고 소통하라

01 —

소통과 자기애도 연습이 필요하다

관계 맺기, 시작을 어떻게 할까?

나는 '사람과의 소통'은 '관계 맺기'라고 생각한다. 나는 직장 동료와의 관계를 맺어나가는 것이 힘들던 때가 있었다. 그 당시에 왜 그랬는지 나 자신도 알 수가 없었다. 하지만 나이가 들고 직급이 높아지고 다양한 경험을 하게 되면서 '관계'라는 것이 단순히 서로 사이 좋게 지내기 위해 필요한 것이 아님을 알게 되었다.

관계가 조직 차원으로 넘어오면 원만한 관계는 조직의 성패를 좌우하고 성과와 바로 직결된다. 또한 '관계 맺기'가 잘된 조직은 성과를 넘어 직장 생활의 만족감도 높고 이직률도 현저히 낮다. 그러므로 한 조직의 리더라면 성과 이전에 사람 사이에 '관계 맺기'에 충분한 공부와 관심을 기울여야 한다. 그렇다면 관계 맺기의 첫 시작은 무엇일까?

'남의 마음대로' 말하기와 듣기

사람은 누구나 타인에게 내가 꽤 괜찮은 사람인 것을 인정받고 싶어 하는 욕구가 있다. 그래서 내 마음대로 행동하고 싶다가도 타인의 시선을 의식하면서 조심하게 된다. 일반적으로 대다수 사람이 서로를 배려하며 이런 방식으로 살아가게 된다.

하지만 이때 타인의 잣대에 맞춰 자아, 즉 나 자신을 '착한 사람 모드'로 가두게 되고 자신의 정체성을 잃어가면서 스스로 행복할 수 없게 된다. 그러므로 업무에 필요한 자질 이외에도 나 자신도 지키고 타인과의 관계도 지켜나가는 소통 방법을 알아가는 것은 무척 중요하다.

보통 관계 맺기는 '말하기'와 '듣기'로 이루어진다. 여기서 중요한 것은 내 마음대로의 말하고 내 마음대로의 듣는 게 아니라 '서로의 마음을 연결'하는 말하기와 듣기로 이루어져야 한다는 것이다. 말하는 사람은 인정과 이해, 감사, 공감 등 타인을 수용하면서 언어적, 비언어적(행동과 태도)으로 자신의 뜻을 전달해야 하고, 듣는 사람 또한 말하는 사람의 대화 내용을 자신만의 기준으로 판단하지 않고 있는 그대로 받아들이는 것이 아주 중요하다. 서로가 이런 모드를 가졌을 때 비로소 전달하고자 하는 내용이 제대로 전달되고 서로의 마음도 연결된다.

감정이 걸림돌이 되게 하지 말자

사실 이런 부분은 말하지 않아도 누구나 아는 것들이다. 하지만 우리는 알면서도 왜 어려워하는 걸까? 그것은 바로 인간이 가진 '감정' 때문이다. '감정'은 자신이 겪어온 경험에서 만들어지고 서로 다른 경험 안에서 만들어진 각자의 감정은 표현 방법과 수용에서 차이가 생기게 된다. 이렇게 서로 다른 방법으로 표현하는 말과 행동을 조절하는 것을 '감정 조절'이라고 한다. 감정 조절을 잘하는 사람이 대인관계도 좋고 조직 구성원과의 소통 능력도 높다. 그러므로 소통은 '감정'을 잘 다루어 타인과의 '마음 연결'과 원만한 '관계 맺기'가 되었을 때 잘 되는 것이다.

어떻게 보면 인간관계, 조직 생활, 공동체 생활의 첫 시작은 감정을 다루는 것에서 시작되는데, 학교에서 또는 부모로부터 이런 부분을 배워본 적이 없기 때문에 우리는 사회에 나와 시행착오를 겪을 수밖에 없는 것이다.

스스로 걸어간 왕따의 길

미용대학 졸업과 동시에 서울로 상경해 '스태프'로 일을 바로 시작했다. "넌 우리 헤어숍 '왕따'야!"라고 누군가 말하진 않았지만 스스로 그런 기운을 가득 느꼈다. 지금 생각해보면 진짜 '왕따'가 아니었어도 동료에게 도움을 요청할 줄 몰랐고, 나 스스로 외로움의 벼랑 끝으로 스스로를 몰아간 것 같기도 하다.

나는 어둡고 긴 골목을 한참을 걸어들어가야 나오는 집을 방과 후 혼자 걸어들어가는 것이 너무 무서웠다. 부모님이 365일 성실히 일해도 우리집 형편은 왜 늘 어려운지 이 세상이 이해가 안 됐다. 어린 마음에 큰 세상을 알 길이 없었다. 해맑음보다는 세상을 향한 답답함을 먼저 배웠고, 건강한 소통보다는 일방적인 눈치가 늘었다. 아마도 타인을 향한 나의 방어기제는 이때부터 작동되었던 것 같다.

스태프 생활을 할 때는 내가 먼저 좀 더 친근하게 다가가야 하는데 어떤 이유인지 주눅이 들고 초라한 느낌이 들었다. 그 화려하고 당당한 무리 속에서 내가 살아남는 길은 동료를 이기는 것이 유일한 방법이라 생각했다. 손님에게 서비스해야 할 때만 동료들과 협력하고 업무가 끝나면 이기기 위해 혼자 외롭게 경쟁을 준비했다. 메인 선생님의 성과가 스태프의 자부심인 양 성과에 집착했고 1등으로 스태프를 졸업하고 좋은 곳에 배치되는 것이 성공하는 것이라는 신념으로 연습에 몰입했다. 많은 연습으로 기술과 성과는 단시간 내에 습득했지만 대신 주변에 친구가 많지 않았다. 스스로 만든 굴레 안에서 외로움의 연속이었다.

나를 사랑할 줄 모르는 나

23년이 훌쩍 흐른 지금, 과거의 나를 가만히 돌아보면서 '왜 그랬을까?', '무엇이 그렇게 두렵고 자신이 없었을까?', '왜 동료와 감정을 나누고 관계 맺기가 힘들었을까?' 등 여러 고민과 의문에 빠져들었고 수많은 물음 끝에 '자기애'가 없었다는 것을 깨닫게 됐다. '나는 참 괜찮은 사람이고, 나는 내가 정말 좋아!'라고 말할 수 있는 나를 사랑하는 힘, 외부 자극에 버텨내는 건강한 에너지가 나에게는 없었다. 표현의 두려움과 삶에 불안을 건강하게 표현할 줄을 몰랐던 것이다. 실력은 인정받아 조직 내에서 빠른 성장을 거듭했지만 리더가 되고 나서부터 진짜 문제가 시작되었다.

나 스스로 사랑하는 마음이 없으니 마음의 여유가 없었고 사람을 진심으로 품고 직원들의 자존감을 높여주는 방법도 잘 몰랐다. 나는 죽어라 노력해서 리더가 됐는데 나처럼 최선을 다하지 않는 직원들이 한심하고 답답했다. 하지만 그건 삶을 바라보는 나만의 방식과 틀이었고 타인에게 지시하고 강요하면 안 되었던 것이다. 더군다나 리더인 위치에서 발산하는 나의 일방적인 소통 방법이 직원들의 마음과 연결되지 않았고 그대로 성과로 직결되었다. 그때 나에게는 '있는 그대로의 나'로 바라보고, 애쓰고 있는 나 자신에게 무한한 사랑과 애정을 주는 방법이 필요했다. 나 스스로를 보살피고 나의 고통을 스스로 공감하는 '자기연민'이 절실했던 것이다.

나답게 살아간다는 것

낮은 성과와 재정적 어려움으로 한 치 앞도 보이지 않는, 암흑과도 같은 4년의 세월 끝에 나는 부족한 리더의 자질에 대해 온 마음을 다해 직원들에게 사과했고, 직원들은 나보다 더 나를 사랑하는 마음으로 안아주었다. 그때 우리가 나눈 감정이 바로 상대를 수용하는 '인정'과 '진심'을 나눈 결과의 '이해와 공감'이었다. 나를 판단, 분별하지 않고 있는 그대로의 내 감정을 '공감'해준 직원들이 바로 나를 살렸다.

이유를 따지거나 묻는 것이 아닌 '김현정이라는 사람'으로 올곧이 서는 순간이었다. 이 순간까지 가는 길은 쉽지 않았다. 무척 고민스럽고 부끄럽고 고통스러웠다. 내 마음을 진심으로 표현할 '용기'가 필요했고, 내 마음 저 한구석에 소심하게 웅크리고 있는 용기를 애써 끄집어 올려야 했다.

나는 용기를 내는 것이 성과의 고점을 찍는 것보다 몇 배는 더 어려웠다. 어린 시절 부모에게 나의 감정을 표현하고 나의 욕구에 대해 보상받는 공감과 상호 소통의 경험을 충분히 하지 못했기 때문에. 그것들이 쌓여 직원들에게도 잘 표현하지 못했던 것이다.

어쩌면 나 자신을 홀대하고 있지는 않았는가

이제는 내가 직원들에게 돌려줄 차례였다. 나는 성과를 위해 필요한 교육을 준비했고 기한에 맞춰 진행했다. 다시는 기회가 없다고 생각하면서 직원들과 한 약속은 반드시 지켜나갔다. 몸이 고되고 힘들었지만, 아주 작은 출퇴근 시간부터 헤어숍 청소까지 역지사지의 마음을 가지고 실행했다. 그리고 눈에 보이는 행동들 외에 가장 집중한 것이 '소통' 부분이었다. 난생처음 '소통'에 관련된 책을 읽고 코칭, 비폭력 대화, 소통 교육, 명상 등 사람에 관한 공부, 마음 근육에 대한 공부에 박차를 가했다. 그리고 배운 대로 아주 작은 것부터 연습했다.

감정과 욕구를 공부하고 이해하며 익숙하지 않은 감정 표현들도 하나씩 말하며 연습했다. 진심을 말하는 용기는 쉽지 않았지만 연습하면 충분히 변할 수 있음을 나는 경험했다. 그런 과정에서 타인을 위하는 것뿐만 아니라 진짜 '나'에 대해 알게 되었고, 자기 자신을 얼마나 홀대해 왔는지 느낄 수 있었다.

우리는 그동안 자기 자신에게 제대로 된 대접을 한 적이 있는지 고민해볼 필요가 있다. 일이 중요하고 일을 사랑하면 사랑할수록 그리고 가족이 중요한 만큼 나 자신을 스스로 더 사랑해야 한다. 거울에 비춰본 나의 모습이 행복한 모습이 될 수 있도록 잘 돌보아야 한다. 천금을 얻어도 몸이 아프거나 마음이 괴로우면 다 소용없다. 내가 있어야 가족도 있고 친구도 있고 회사도 있다. 스스로를 사랑하고 행복하게 해주어야 한다. 스스로를 먼저 사랑하고 난 다음에야 모든 일이 하나씩 정렬된다.

진부하지만, 사랑이 전부다

신경계의 구조적, 기능적 단위이며 신경계를 구성하는 신경세포인 뉴런은 인간이 몸을 움직이거나 생각에 잠기거나 말하거나 하는 등 인간의 모든 활동과 관련되어 있다.

'함께 불꽃을 틔운 뉴런끼리 서로 연결된다.'

신경과학자들 사이에서 잘 알려진 말이다. 이 말처럼 각 감각의 뉴런이 활동하면서 서로 연결되면 뇌는 점점 더 강화된다. 내가 나를 사랑하는 방법도 마찬가지다. 몇 가지의 문장과 연습이 쌓이면서 서로 연결되면 사랑의 감정도 커진다. 예를 들어 다음과 같이 스스로에게 주기적으로 말해주는 것이다.

- 나를 꼬옥 안으며 '사랑한다' 말해주기
- 실수하면 '괜찮아! 이것도 경험이야 잘했어!' 다독여주기
- 누가 비난하면 '저 사람도 잘 몰라서 그러는 거야! 흘려보내자!' 털어내기
- 잠들기 전과 일어난 직후 '나는 내가 정말 좋아!'라고 잠재의식에 비타민 주기

판단하지 않고 비교하지 않고 나의 고통을 바라보고 공감하는 용기는 관계 맺기에서 꼭 필요한 감정이다. 나 스스로를 공감하면 내가 원하는 욕구를 똑바로 볼 수 있고 그것을 상대에게 좋은 의도로 표현할 용기가 생긴다. 그러므로 나를 수용하고 인정하고 사랑해주는 문장을 매일 연습하자. 연습하면 '자기애'도 충분히 생긴다.

02 불편한 감정 다루기

화는 주로 약자에게 난다

경영하면서 또는 조직 생활을 하면서 과연 누군가를 미워하지 않거나 화내지 않는 사람이 있을까? 아마도 있다면 그는 '신'일 것이다. 사람은 보통 자신의 '욕구'가 충족되지 않을 때 서로 다른 이유로 그리고 각자 서로 다른 방식으로 표현을 하는데 이때 생기는 크고 작은 '화'로 감정 표현을 하게 되고 때에 따라 상대를 미워하는 마음을 품게 된다.

만약 부모가 화를 내면 화풀이의 대상이 자녀일 확률이 높고, 리더가 화를 내면 그 대상이 직원일 확률이 높다. 직원들 사이에서도 이런 관계는 형성된다. 화를 고스란히 받은 어느 한쪽은 마음속에 이 '화'라는 감정을 묵혀두었다가 어느 순간, 어떤 식으로 폭발할지 모른다. 또 전염성, 중독성도 강해서 주변까지도 냉랭하게 만들어버린다. 화를 잘못 표현하며 사회적으로 쌓아 올린 많은 것을 잃고 무엇보다 소중한 사람들과의 관계 맺기가 어려워진다. 그러므로 우리는 '화'가 어떤 친구인지 알고 다룰 수 있어야 한다.

자국을 남기지 않는 화는 없다

몇 년 전 일이다. 한 선배로부터 내 정체성에 대혼란이 오는 이야기를 들었다. 그 선배는 내 전후 사정은 묻지도 않은 채 다짜고짜 고함과 화를 잔뜩 냈다. 욕 한마디 섞이지 않았지만 나를 분명 비난하는 말이었다. 나의 지난 세월을 비난했고 '나' 자체를 비난했다. 내가 본인의 어떤 욕구를 불만족시켰는지 내게 설명해주지 않는 일방적 '화'였다.

몇 년 동안 공들여 마음 공부를 한다고 애쓰고 있었던 나였지만 선배 말을 듣는 내내 무척 화가 났다. 확 퍼부을 수도 있었지만 그동안 쌓아왔던 내 마음 공부의 시간이 아까워 일단 참고 며칠 후 스승님을 찾아갔다. 그러고는 나도 분노하며 나의 억울함을 말했다. "나보다 선배지만 당장 찾아가서 따지고 싶고, 벌을 주고 싶다"고 말했다. 한참 듣던 스승님이 나를 물끄러미 바라보시고는 예화 하나를 소개해주었다.

이야기 속 남자는 너무 화가 나서 스승을 찾아갔다. 그리고 물었다. "제가 화가 너무 납니다. 다 부숴버리고 싶어요. 심지어 죽여버리고 싶어요. 어떻게 해야 하죠?"

그러자 스승님은 망치와 못을 줄 테니 이 망치로 화가 풀릴 때까지 저 나무에 못을 박으라고 했다. 그러고는 언젠가 화가 풀리면 그때 나무에서 못을 빼라고 했다. 그 남자는 스승의 말을 듣고 망치와 못으로 나무 벽에 한참 못을 박았다. 있는 힘껏 못질하고 나니 마음이 풀리는 느낌이 들었다. 그러고는 한참 후에 화가 풀려 다시 못을 뺐다. 남자는 마음이 한결 풀리는 듯했지만 남은 못 자국이 상당히 거슬렸다. 그리고 이상하게도 마음이 편치만은 않았다. 다시 스승님을 찾아갔다.

"스승님, 저 못 자국이 보기 싫은데 어떻게 방법이 없을까요?"

그러자 스승님이 말했다.

"네가 화가 났을 때 나무에 못을 박으면 너의 화는 풀리겠지만 그 자국은 지울 수가 없단다. 그러니 화를 낼 때는 나중에 남을 마음의 상처를 미리 염두에 두어야 한단다."

나는 이 예화를 듣고 큰 깨달음을 얻었다. 이 예화가 의미하는 바가 무엇일까? 화는 반드시 상처를 남긴다. 화는 없어질지 모르겠지만 상처는 없어지지 않는다는 것이다. 살아온 세월 동안 내가 타인의 자극에 예민하게 반응하고 난 후 내 마음이 왜 그렇게 불편했는지 순간 알아차렸다. 화는 그 자체로 나쁜 것이 아니라 '화'라는 감정을 잘 다루지 못했을 때 따라오는 또 다른 '부정적 감정'들로 인해 서로의 마음에 지울 수 없는 '자국'을 남겼기 때문이다.

만약 내가 화가 난 상태로 그 선배를 찾아가서 '네가 뭔데 나한테 그런 소리를 하냐'고 한바탕 시원하게 소리 지르며 말싸움을 했다고 가정해보자. 시간이 얼마 지나지 않아 분명 후회하게 될 것이다. 퍼부어 대는 그 순간은 속이 시원하고 통쾌할지 몰라도 서로 퍼붓는 말들로 인해 그 선배와 몇 년 동안 이어져왔던 시간이 물거품이 되고, 서로의 가슴에 비참하고 서운하고 실망스러운 화라는 감정만이 고스란히 남게 된다.

결국 화 자체가 나쁜 것이 아니라 화에 잘못 반응하는 것이 고스란히 상처로 남게 된다는 것이다. 또한 내 마음에 자리 잡고 남아 있는 화의 부정적인 감정과 잔해들 때문에 긍정적이고 생산적인 좋은 일들이 들어올 수가 없다. 우리가 내는 화는 크건 작건 불행하게도 나 자신에게 가장 상처가 많이 남는다는 것을 분명 알 필요가 있다.

화낸다고 일이 해결될까?

우리는 조직에서 나는 잘못 없고 상대가 잘못되었다고 판단될 때, 상대의 잘못을 따끔히 지적하고 나의 욕구를 알려주고 싶은 마음에 화를 낸다. 그 욕구에는 '여러 번 말했으면 좀 알아들어라!', '나를 무시해서 내 말대로 안 하는 거냐?', '내 말에 공감하고 이를 인정해달라!'라는 뜻이 담겨 있다. 내가 화냄으로써 상대가 나의 욕구대로 움직여주길 바라는 것이다. 나의 선배도 자신의 마음처럼 내가 움직여주지 않음에 화를 낸 것이다. 조직에서는 힘의 논리가 작용하기 때문에 나를 힘으로 제어하려고 했던 것이다.

하지만 다짜고짜 화를 쏟아낸다고 선배의 말을 들으려 하는 후배는 아무도 없다. 타당하지도 않고 이해되지도 않는 상황에 무조건적으로 굴복하는 것은 이미 지난 시대 이야기다.

사업을 하고 리더로 살아간다는 것은 참 쉽지 않다. 다양한 감정을 가진 사람들과 연결되어 있기 때문이다. 이곳은 내 감정이 좋을 때는 천국이고, 내 감정이 힘들 때는 지옥이다. 그렇기 때문에 오히려 나를 지옥으로 만드는 부정적인 감정만 잘 다루어도 상대와의 마찰은 피할 수 있다. 성경에 보면 '분을 그치고 노를 버리며 불평하지 말라', '유순한 대답은 분노를 쉬게 하여도 과격한 말은 노를 격동하느니라'라고 쓰여 있다. 화를 내면서 내뱉는 말은 성난 마음을 더 격동하게 만든다고도 쓰여 있다. 화는 억울함, 괘씸함, 섭섭함, 맥 빠짐, 절망스러움, 분함, 울화가치밂 등의 다른 부정적 감정을 남긴다.

옥상으로 와 vs 내 머릿속의 지우개

19년 전 일이다. 지금에야 예약으로 시간 차를 두고 고객들이 방문하지만 20년 전만 해도 예약을 권유하면 어이없어하는 고객들이 훨씬 더 많았다. 그렇게 하루 20~40명은 거뜬히 혼자 해내야 프로의 대열에 오를 수 있었고 나는 신입이었지만 많은 손님으로 정신없이 바쁜 날을 보내고 있었다. 이때 갓 제대한 근육질의 20대 초반 남자 스태프가 나의 첫 제자가 되었고, 나와 스태프 경험이 없던 제자는 하루하루를 살얼음판을 걷듯이 아슬아슬했다.

그러던 어느 날, 제자의 경험 부족으로 고객들은 30분에서 한 시간씩 시술이 뒤로 밀리는 지경이 되었다. 나는 너무 화가 나 제자를 작업실로 불렀다. "정신 똑바로 못 차려요? 이런 식으로 일할 거면 장갑 벗고 지금 당장 나가요!" 엉켜버린 고객들의 동선에 화가 머리끝까지 난 나는 마음에도 없는 이야기를 퍼붓고 말았다.

인내심이 극에 달한 제자는 내가 말한 대로 세차게 장갑을 벗고 아무 말 없이 보란 듯이 내 말대로 헤어숍 밖으로 나가버렸다. 둘이 힘을 합쳐도 홀에 있는 고객을 다 하기 벅찬데 제일 귀한 아군 한 명을 잃었으니 나는 그야말로 진쟁터에 무기 하나 없이 나간 용병 꼴이었다.

하는 수 없이 고객 한 명, 한 명 일일이 양해를 구하고 스태프들에게 물어 제자가 있는 곳으로 갔다. 자신의 신세가 억울하고 답답했는지 잘 피지도 못하는 담배 한 개를 다 피우고 옥상에서 하늘을 보고 있었다.

"나 때문에 화가 많이 났니? 진심으로 미안해."

"아니요. 선생님한테가 아니라 능력 부족인 저 스스로에게 화가 났습니다. 좀 전에 한 행동 죄송합니다, 선생님. 잘못했습니다."

제자는 나이 많은 나보다 훨씬 어른이었다. 나라면 저렇게 인정하면서 사과하지 못했을 텐데, 오히려 '내가 뭘 잘못했냐!'고 퍼부었을 텐데 그는 이성적으로 시간을 벌었고 화를 다스렸다. 지금은 어느덧 한 헤어숍의 리더가 되어 두 아이의 아빠로 멋지게 성장한 제자와 나는 나의 성급함과 조급함으로 다시는 돌이킬 수 없는 강을 건널 뻔했지만 제자의 현명함으로 지금까지 관계를 잘 유지해오고 있다.

화가 날 때는 이렇게 하자. 화가 나면 무조건 멈춘다. 그 자리에서 3초만 멈춘다. 그리고 '심호흡을 크게 세 번' 한다. 깊은 호흡을 하면 화를 낼 때 일어났던 자율신경계 중 교감신경이 안정이 되고 부교감 신경이 활성화되면서 흥분된 감정이 서서히 평화를 찾아간다. 또는 잠시 자리를 피해도 좋고, 침묵을 유지해도 좋다. 하지만 이때 조직에서 중요한 것은 상대에게 "제가 지금 감정 조절할 시간이 좀 필요합니다. 잠시 후에 다시 얘기 나눠도 될까요?" 하고 내가 감정 조절할 수 있는 시간을 가질 수 있도록 양해를 구하는 것이다.

아주 사소한 행동들도 받아들이는 사람에 따라 버릇이 없다고 꼬투리 잡는 사람이 있기 때문에 확보한 시간 속에서 화내는 상대의 욕구와 나의 욕구를 정리해야 한다. 상대방의 욕구가 '선배로서 대우받고 싶은 인정'인지, '사랑과 관심'인지, '존중'인지, '공감'인지, '배려'인지 '걱정'인지 그리고 '화'의 원인이 뭔지 찾아내야 한다. 핵심은 화가 나면 일단 무조건 멈추고 시간을 확보하고 서로가 원하는 핵심 욕구를 찾는 것이다.

03 자극과 반응 사이의 공간

공감은 세포다

이태리 파르마 대학교의 자코모 리촐라티(Giacomo Rizzolatti)와 그의 연구진들은 1990년대에 처음으로 거울 뉴런(mirror neurons)이라는 신경세포를 발견했다. 우리가 흔히 말하는 공감은 거울 뉴런이라는 특별한 신경 네트워크 덕분에 생긴 능력이다.

공감은 남이 느끼는 것을 자신도 같이 느끼는 능력이며 심리학 전문가들은 공감 능력이 많은 사람이 인간관계에서의 연결감과 소통 능력이 높다고 말한다.

공허한 위로는 폭력이다

편도 4.8킬로미터, 왕복 9.6킬로미터. 서울로 상경 후 차비를 아끼기 위해 약 5개월간 1시간 30분씩 출퇴근을 하며 걸어 다녔던 거리다. 사정을 모르는 직원들은 내게 "아니, 가까운 데로 이사하면 되지 뭐 하러 걸어 다녀? 다이어트해?"라고 말했다.

"독하다, 독해! 왜 그렇게 독하게 살아?" 살아보겠다고 전심전력을 다해 밤새 헤어숍 타올 당번을 하며 타올 돌아가는 시간에 연습하는 내게 직원들이 했던 말이다. 인공수정 3번, 시험관 7번. 내가 첫 아이를 얻기 위해 노력한 시술 횟수다. 어렵게 가진 아이가 유산이 되었을 때 사람들은 이렇게 말했다. "마음을 내려놓고 기다리면 잊을 만할 때 또 아이는 생겨." 모두 안타까워하며 내게 위로라며 건넨 말들이다.

1시간 30분이나 걸어야 하는 그 먼 길을 왜 걸어 다니는지, 밤을 새야 하는 타올 당번을 왜 자처하며 하는지 궁금해하지도 물어보지도 않고 그냥 무의식적으로 생각나는 '판단'의 말들을 늘어놓았다. 세월이 10년 혹은 20년이 더 지난 말들도 있지만 아직도 내 마음속에는 생생하게 남아 있다. 아마 이런 말을 건넨 사람들은 기억조차 하지 못할 것이다. 나는 공감과 위로를 받은 것이 아니라 정서적으로 폭력을 당했다고 생각한다.

차라리 이런 애꿎은 위로의 말보다는 눈을 마주쳐주며 연습하는 내 어깨를 두드려준다든지 '파이팅!' 하며 하이파이브를 해주는 행동이 백 마디 말보다 낫지 않았을까?

공감은 남이 하는 말을 잘 듣고 마치 나도 그런 경우인 것처럼 느껴야 한다. 나이가 상대보다 많다고 함부로 조언해선 안 되며 그저 진심으로 '그랬구나, 그런 사정이 있었구나, 내가 미처 몰랐구나' 하고 잘 들어주면 된다. 공감받고 싶은 사람은 그저 '내가 이렇게 힘드니 내 마음을 좀 알아주세요' 하고 무언의 신호를 보내고 있는 것이다. 이때 이야기를 들으면서 해주고 싶은 충고가 떠올라도 멈춰야 상대의 마음과 연결이 된다.

사람은 상대의 마음을 선불리 판단하지 않고, 충고하지 않으며, 선입견 없이 열린 마음으로 말을 들어주는 사람에게 고마움을 가득 느끼게 된다. 그리고 이때 비로소 마음을 열어 소통하게 된다.

사과는 언제 해도 늦다

"닭대가리니? 도대체 몇 번을 얘기했는데 이것도 못 알아듣는 거야?!" 부끄럽지만 리더 초기 시절, 일을 늦게 배우는 직원에게 내가 한 말이다. 이 말을 내뱉은 직후 후회하면서 사과를 건넸지만 그 직원은 얼마 후 퇴사했다. 나의 삼고초려 끝에 몇 달 후 다시 돌아와 장기근속하고 현재도 연락을 주고받는 끈끈한 사이가 되었다. 하지만 이 친구의 기억에 지울 수 없는 상처를 새겨버렸다.

5초, 내가 내뱉은 5초의 말이 나의 신뢰를 바닥으로 내쳤다. 이 얼마나 부끄러운 일인지 아직도 그 친구를 생각하면 그의 부모님께도 미안한 마음이 가득하다. "어떤 부분이 힘드니", "그랬구나", "나도 처음 일을 배울 때는 그랬다", "서두르지 않아도 돼"라고 답답한 부분을 들어주고 선배로서 가이드 역할을 잘해줬다면 어땠을까? 그랬다면 지금까지 아프고, 후회스러운 마음도 없었을 것이다.

딱 한 명만 있어도 된다

미국의 발달 심리학자 에미 베르너(Emmy Werner) 교수는 1955년 하와이 카우아이섬 빈민가에서 태어난 신생아 698명의 아이를 대상으로 '어떤 조건에서 사람은 망가지고, 어떤 조건에서 사람은 성공하는지'에 대해 40년에 걸쳐 연구했다. 연구 결과는 아이 옆에 '딱 한 명의 조력자'의 유무였다. 나는 이 결과에 적극적으로 동의한다. 나 또한 이와 비슷한 경험을 한 적 있기 때문이다. 단 한 명의 직원이 나를 믿어준 덕분에 나는 살 수 있었고 연결감을 느낄 수 있었다. 그 연결감이 신뢰가 됐고 그 신뢰는 어떤 프로젝트도 도전할 수 있는 용기를 갖게 해주었다.

그 직원의 진심 어린 공감과 나에 대한 연민의 마음이 죽어나가는 리더를 살린 것이다. 리더는 누군가에게 이러한 역할을 해야 한다고 생각한다. 뭔가를 가르치려 하기 전에 적극적이고 진심으로 공감해주는 것만으로도 직원들은 오래 같이할 마음을 품는다.

경영 테크닉은 그다음이다. 공감은 하는 척하면 상대도 안다. 공감은 그저 모든 것을 수용하는 자세로 온전히 상대를 받아들이겠다는 '선한 의도'를 가져야 한다. 나와 상대가 살아온 서로 다른 삶을 인정하고, 상대의 삶 자체를 이해하면서 들어야 서로의 감정이 연결되는 것이다.

사람이 반응하기 전에는 시간이 존재한다

내가 공감에 관해 이런 식으로 설명하면 어떤 리더는 내게 묻는다. "공감이 좋은 것은 충분히 알겠습니다. 그래서 수용과 공감할 의도를 가지고 저는 이야기하는데 직원은 너무나 성의 없고, 부정적인 태도로 나를 대하면 어떻게 하나요?"라고 말이다. 나도 똑같이 이런 기분을 현장에서 느껴봤고 오랫동안 답답해할 때가 있었다.

그때 최고의 메시지가 떠올랐다. "자극과 반응 사이에는 공간이 있다. 이 공간 사이에는 자신의 반응을 선택할 수 있는 자유와 힘이 있다. 그리고 우리의 반응에 우리의 성장과 행복이 좌우된다."

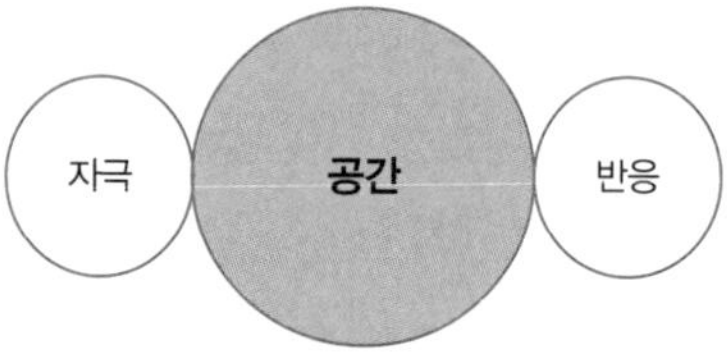

아우슈비츠 죽음의 수용소에서 살아 나온 정신과 의사이자 유대인이었던 빅터 프랭클(Viktor Frankl)이 한 말이다. 상대의 부정적 태도는 나에게 '자극'이 되고, 나의 좋은 의도를 알아주지 않는 직원의 불편한 태도에 나의 자동반사적 '반응'이 순간 나가버린다.

"너 말하는 태도가 왜 이래?" 이런 감정적 단어가 나오는 순간, 소중한 시간이 역행한다고 생각하면 된다. 너무 안타까운 순간이다. 대게 존중을 받아본 적이 많지 않거나 자존감이 낮거나 자기애가 낮은 사람일수록 내면의 크기, 즉 상대의 마음을 수용하는 마음의 그릇이 크지 않기 때문에 같은 상황, 같은 말이라도 오해하거나 빗대어 받아들일 수 있다. 이런 마음의 그릇이 작은 상대의 마음도 알아차리고, 사랑의 마음으로 끝까지 응원하고 지지해주어야 한다.

공감으로 연결되면 사람이 남는다

이뿐만 아니라 리더와 직원 사이 외에도 조직 생활을 하면서 우리는 원하든 원하지 않든 수많은 자극을 받는다. 다그치는 선배, 말을 받아치는 후배, 오해하는 동료가 생기기도 한다. 이 모든 자극에 우리는 속상함, 화, 서운함, 억울함, 짜증 등 뒤섞인 감정으로 상대의 자극에 반응하게 된다. 하지만 이제는 '마음의 공간'과 '공감'을 꼭 기억하자.

나는 자극이 들어올 때마다 이 문구를 상기하려고 애쓴다. 물론 지금도 잘 되진 않는다. 하지만 알고 난 후에는 의식적으로 '나의 반응을 선택'하려고 노력하고 있다. 노력하자 내가 덜 상처받고, 덜 후회하고, 상대에게 덜 상처를 주게 되었다. 그리고 감사하게도 주변 지인들과 직원들에게 '엄청 유해졌다, 엄청 부드러워졌다,

공부하고 명상하더니 다른 사람이 됐다'라는 좋은 이야기들도 많이 듣게 되었다. 내 감정을 건드리는 강한 '자극'이 와도 '마음에 공간'을 만들고 어렵더라도 '긍정적 반응'을 할 수 있는 마음 근육을 길러야 한다. 그리고 상대의 이야기를 들어주는 '적극적 공감 능력'을 길러야 한다. 그래야 상대와 연결이 되고 사람이 남는다.

04 ——— 나를 알아차리는 게 소통의 시작이다

감정을 정면으로 바라보는 일

마음을 다스린다는 것은 내 마음에 일어나는 감정을 정면으로 마주하는 것이다. 사람은 싫어하는 상대가 앞에 있으면 나도 모르게 '썩소'를 짓게 된다. 회사에서도 마음 내키지 않은 아침 조회 시간에는 나도 모르게 '짝다리'를 짓게 된다. 상대와 대화를 나눌 때도 어이가 없으면 '헛웃음'이 나온다.

이런 일련의 행동들과 몇 마디 말이 회사에서 습관처럼 무심히 나올 때 서로의 관계는 연결되지 못한다. 이런 행동을 하는 사람과는 설령 내가 부족하고 잘못되어서 이런 대우를 받을 만하다 해도 관계 맺고 싶지 않다. 이것이 사람의 마음이다.

좋은 요리를 할 재료가 있어도 요리법을 알아야 하듯 내 마음 안에 수많은 감정을 챙기는 방법을 알아야 회사 안에서도 더 좋은 방향의 소통을 해나갈 수 있다.

내가 가진 의도가 행동에도 반영된다

동서고금의 수많은 현자는 '모든 활동의 근본에는 의도가 있다'고 말했다. 이 뜻은 우리가 행하는 모든 것에는 의도라는 뿌리가 있고, 이 뿌리는 우리 개인의 비전이나 내적 동기를 유발한다는 것이다. 즉 의도는 우리의 '마음 나침반'이라 할 수 있다.

일을 하다 작은 말싸움으로 둘이 다퉜다고 가정해보자. A는 '아까는 내가 경솔했구나. 내가 무슨 수를 써서라도 마음을 돌려놓아야겠다'라는 의도가 있고, B는 '얼마나 잘났길래 저런 말을 하는지, 어디 들어나 보자'라는 의도가 있다. 둘 중 누구와 이야기할 때 마음이 더 편하고 따뜻할까?

아마 모두가 A라고 할 것이다. 이유는 이들이 의도하는 것이 태도에 드러날 것이기 때문이다. A는 나를 바라보는 수용적 자세와 차분한 어조, 따뜻한 눈 마주침이 있을 것이고, B는 조금 과장하면, 팔짱을 끼고 살짝 뒤로 젖힌 자세와 조금 추켜뜬 눈 마주침을 할지도 모른다. 이렇게 의도, 즉 마음 나침반은 내 행동과 말이 어떻게 나갈지를 결정하는 방향타와도 같다.

좋은 마음은 상대보다 나를 더 행복하게 한다

리더를 하다 보면 전혀 의도를 알 수 없는 직원들을 만나기 마련이다. 도통 무슨 생각을 하는지도, 살아온 정보도 잘 모르겠고 한국 사람들만의 특유의 '정'도 없고 내색도 잘 하지 않는 친구들이 가끔 있다. 싫으면 싫다 좋으면 좋다 불편하면 무엇이 불편한지 말하면 되는데 도통 내색하지 않는다. 자주는 아니지만 대개 이런 직원들이 소위 '뒤통수'를 때리기도 한다.

헤어숍에서의 가장 큰 '뒤통수'는 리더를 노동청에 신고하는 일인데, 우리나라 노무법과 헤어숍 현장은 무척 괴리감이 높기 때문에 꼬투리 잡을 수 있는 것들이 많다. 그리고 이런 위치에서 리더는 항상 약자일 수밖에 없다.

나 또한 아무리 직원을 잘 뽑는다고 해도 몇몇 친구들로부터 속상함을 겪을 수밖에 없었다. 리더도 사람인지라 말 섞고 싶지 않은 직원이 생길 때가 있다. 하지만 말 안 하고 싶다고 안 할 수 있는 위치가 아니다 보니 스트레스가 많다. 하지만 이때 상대를 판단, 분별하지 않고 있는 그대로 바라보고 수용하면서 '너와 잘 지내고 싶다. 내가 최대한 수용해볼게, 뭐든 말해봐!'라는 의도를 가진 채 소통해야 한다. 긍정적으로 생각하자고 계속 생각하면 일단 상대가 미친 듯이 밉지는 않다. 직원 때문에 힘들더라도 이렇게 좋은 의도를 가지고 대화를 시작해야 한다.

연구에 따르면 좋은 의도는 엄청 강력해서 긍정적인 의도를 가지면 뇌에서 행복을 담당하는 신경전달물질 도파민 수치가 올라가 상대가 행복한 것이 아니라 내가 우선 행복해진다고 한다.

주의를 집중하면 원인이 보인다

"Yesterday is history, tomorrow is a mistery, but today is a gift(어제는 과거, 내일은 알 수 없고, 그러나 오늘은 선물이다)."

이 통찰적인 말은 영화 〈쿵푸팬더〉에서 우그웨이 사부가 과거와 미래 걱정에 잠 못 이루는 주인공 포에게 한 말이다. 어제도 내일도 아닌 오늘이 중요하다는 의미다. 이 말은 관계와 소통에서도 똑같이 적용된다. 우리의 긍정적 미래 관계를 위해서는 지금 서로 잘해야 한다는 뜻이다.

나는 남편과 연애를 처음 시작하게 된 계기가 그 누구보다도 내 이야기를 잘 들어주어서다. 온종일 12시간 이상 서서 일하고 밤 10시가 넘어 먹는 첫 끼를 함께 먹어주기도 했고, 예의 있는 태도도 좋았지만 그 무엇보다 마음에 들었던 것은 나와 함께 있을 때 그 순간 오로지 나에게 집중해주는 것이 참 마음에 들었다.

그런데 12년이 지난 요즘, 내가 제일 많이 하는 멘트는 "내 이야기 듣고 있어?"다. 이제는 하도 많이 해서 7세 아들도 이 말을 가끔 따라 한다. 나와 함께하는 시간만큼은 전적으로 나에게 집중해주는 남편과 아주 잘 통했다고 생각했는데 지금은 내가 말하면 속으로 딴생각을 하는지, 나의 말에 주의를 기울이고 있는지 다 느껴져 말다툼의 원인이 되기도 한다. 이 순간에 기울이는 주의야말로 서로가 연결되어 소통이 잘 되는지 안 되는지 느껴지는 진실의 순간이다.

제3자의 눈으로 알아차리자

알아차린다는 것은 지금의 상황을 판단하거나 감정을 더하는 것이 아니라 마치 하늘을 날고 있는 독수리가 하늘에서 땅을 바라보듯 그냥 무심하게 바라보는 것, 제3자의 관점으로 나 자신을 바라보고 느끼는 것을 말한다.

독수리 입장이라면 땅에 있는 우리를 보며 '사람들이 움직이고 있구나!', '물이 흐르는구나!', '차가 지나가는구나!'로 관찰만 할 것이다. 우리도 관계의 소통에 있어서 '자극'이 들어오면 '아, 내가 화가 올라오고 있구나!', '아, 내가 지금 오해를 하고 있구나!', '아, 내가 인정이 안 되구나!'처럼 사진을 '탁' 찍어 멈춘 정지 화면 안에서의 자신을 바라볼 수 있어야 한다.

일인칭 시점이나 이인칭 시점으로 상황을 보게 되면 감정이입이 일어난다. 감정이입이 일어나면 자신의 습관대로 상대를 판단해버리게 되고 실제보다 사실이 과장되거나 왜곡된다. 같은 상황의 일이라도 나의 일이면 예민해지고 걱정스럽기 때문에 관계에 있어 오류가 생기는 것이다.

하지만 지나가는 제3자는 그렇지 않다. 우리가 소통할 때 서로간에 오류가 생기는 이유는 자신에게 벌어진 일에 자신의 관점으로 감정을 이입하기 때문이다. 그러므로 어떤 사건이나 자극에 바로 반응하는 것이 아니라 반응 사이에 공간을 확보하고 제3자의 관점으로 무심하게 바라보는 것을 습관화하는 것이 필요하다. 제3자의 관점이 몸에 익으면 생각은 멈추어지고 생각이 과거나 미래에 가지 않는다. 오로지 현재에 머문다.

스트레스와 불필요한 고민이 줄어드는 고요한 상태. 이것이 나를 알아차리는 일, 제3자의 관점 상태다. 그리고 그저 잠시만이라도 '~~~구나' 하며 내 생각과 감정, 행동의 의미에 대해 다시 한번 인식하는 것이다. 자기중심적 관점에서 목격자 관점을 바꾸면 상황을 명확하게 볼 수 있다. 간단하지만 엄청난 위력의 마음 챙김이다.

05 ——— 회복에도 탄력성이 존재한다

05 회복에도 탄력성이 존재한다

나만큼은 내 편이어야 한다

이 세상 모든 리더의 공통점을 말하라면 '책임감'이 아닐까 생각한다. 각 가정의 귀한 자식들이 직원이기 때문에 직장이 그들의 제2의 가정이라는 마음으로 직원들의 미래와 성장을 위해 물심양면으로 보살펴야 하기 때문이다. 리더의 성격상 표현의 차이가 있을 뿐일 것이다.

나 또한 직원들과 애착이 꽤 깊고, 조직에 대한 책임감이 많은 편이다. 그들의 소중한 가족이나 부모님도 챙겼다. 그럼에도 불구하고 몇몇 직원들은 돈을 갚지 않거나, 삼삼오오 나에 관한 뒷담화를 하거나, 다른 사람의 말을 듣고 나를 판단하고 나와의 소통을 단절하는 등 자신들이 원하는 대로 나를 이리저리 상처를 주고 대충 어디다 버려뒀다.

이렇게 일방적인 관계를 만드는 몇몇 직원들 때문에 상처를 많이 받았다. 경영 자체가 힘든 것이 아니라 사람 때문에 경영을 그만하고 싶었다. 이처럼 상대의 일방적인 방법이나 태도 때문에 상처를 받는다면 소통의 용기가 점점 낮아질 수밖에 없다. 그러므로 마음 근육을 기르는 연습을 하고 내가 나를 바로 세우고 나를 지켜야 한다. 죽을 때까지 오로지 내 편은 바로 나 자신이기 때문이다.

참새들의 지저귐은 배경음악으로 놔두자

눈을 감고 상대의 말에 난감하고 무안했던 순간이나 상처가 되었던 순간을 떠올려보자. 그리고 몸이 하는 말을 느껴보자. 얼굴이 달아오르고, 심장도 두근거리고, 가슴이 답답하기도 할 것이다. 그리고 똑같은 상황이어도 사람에 따라 느껴지는 고통의 강도는 다를 것이다. 마음의 상처가 많을수록 또는 그동안 받아왔던 상처가 덜 아물었을 경우 상대의 자극 강도가 더 크게 느껴질 수 있다.

되도록이면 많은 사람과 별 탈 없이 원만하게 지내는 것이 우리의 바람이지만, 나의 노력에도 불구하고 관계 개선이 힘들다면 가끔은 그냥 두는 것도 방법이다. 그리고 내가 받은 마음의 상처에 후시딘과 같은 재생 연고 정도는 발라줘야 내가 산다. 그 방법이 바로 '알아차리고 흘려보내는 것'이다. 내 힘으로 노력해도 안 되는 관계는 잠시 신에게 맡기고, 나의 정신건강을 위해 나에게 상처를 주는 사람을 '재잘거리는 참새'로 생각해보자.

'그 인간의 당돌함 때문에 내가 화가 났구나(알아차림). 난, 할 만큼 했다. 잘 가! 안녕(참새들처럼)' 하며 흘려보내자.

'내가 이렇게 노력을 하는데도 그 인간하고는 더 이상 진전이 없구나(알아차림). 그래, 난, 할 만큼 했다. 잘 가! 안녕(참새들처럼)' 하는 마음으로 흘려보내면, 참새 몇 마리가 날아와 내 곁에서 지저귀듯, 그 소리는 그저 참새가 들려주는 배경음악으로 들릴 것이다.

회복탄력성이란?

회복탄력성은 크고 작은 다양한 시련과 실패를 도약의 발판으로 삼아 더 높이 뛰어오르는 마음의 근력을 의미한다. 물체마다 탄성이 다르듯이 사람에 따라 탄력성도 다르다. 시련으로 인해 밑바닥까지 떨어졌다가도 강한 회복탄력성으로 다시 튀어 오르는 사람들은 대부분 원래보다 더 단단한 마음을 가질수 있다고 한다. 따라서 우리는 미친 듯이 마음 근육을 길러야 한다.

이 말의 의미는 회복탄력성이 높을수록 마음 근육이 강하고, 마음 근육은 강하게 연습한다면 단단하게 강화될 수 있으며, 시련 회복 후에는 더욱더 강해진다는 뜻이다. 시련이 있는 그 당시에는 좀 힘들어도 잘 겪어내는 경험이 쌓이고 이것이 선순환되면 상대에 대한 불편한 감정이나 자극에 쉽게 흔들리지 않을 수 있다.

이러한 회복탄력성이 생기면 소통 능력은 자연스럽게 따라오고 좋아져 상대가 누가 되었든 관계 맺기가 편안해지는 힘을 얻을 수 있게 된다.

마음 근육 기르기

사회학자 로버트 머턴(Robert Merton)은 예언하고 바라는 것이 실제 현실에서 충족되는 방향으로 이루어지는 사회심리학적 현상을 '자기 충족 예언'이라 명했다. 나의 예언이 반드시 이루어진다는 신념을 나의 잠재의식까지 깊이 넣어주면 이것이 나의 행동에 강한 동기가 되고, 꾸준히 행동할 동력을 만들어준다는 뜻이다. 마음 근육을 강화해줄 예언이나 자기 확언을 만들고 사용하는 방법은 다음과 같다.

- 1인칭으로 쓴다. 잠재의식은 '나'를 잘 알아듣는다.
- 현재시제로 쓴다.
- 긍정문으로 쓴다.
- 감정을 구체적으로 묘사한다.
- 본인의 목소리로 되도록 큰소리로 읽는다. 잠재의식은 '나의 목소리'를 좋아한다.
- 수시로 또는 기상 직후, 잠들기 전에 큰 소리로 읽는다.
- 하루를 마감할 때 '3감사', '5감사'를 한다.

다음은 자기 확언의 예시다.

- 나는 내가 정말 좋다.
- 나의 가정은 무척 평화롭고 풍요롭다.
- 나는 항상 침착하고, 건강하고, 매력적이다.
- 나는 약속을 잘 지키고, 믿음직한 사람이다.
- 내 주위에는 좋은 사람이 넘친다. 그리고 그들과 관계 맺는 것이 아주 행복하다.
- 나는 날마다 감사가 넘치고 내 마음은 무척 고요하다.
- 나는 의도하고, 알아차리고, 주의를 기울이는 것이 이제는 편안하다.

이렇게 본인의 확언을 만들어 자신의 미래를 즐거운 마음으로 상상하며 큰 소리로 읽으면 좋다. 상황에 따라 더 추가하거나 수정해도 된다. 확언 읽기를 매일 반복하면 우리의 뇌 감각이 발달하고 잠재의식이 활성화된다. 나의 경험으로는 무엇보다 기분이 무척 좋아진다. 관계 맺기에 있어 감정 다루기는 선택이 아니라 필수다. 마음 근육을 기르면서 차오르는 자신감을 경험하고 당당하고 유연하게 직원들과 소통해보자.

06 —— 소통의 핵심은 팀워크다

06 소통의 핵심은 팀워크다

팀 배치는 전략적으로

우리는 혼자 살아갈 수 없다. 누구나 크고 작은 도움을 주고받으며 살아간다. 헤어숍은 1인 숍을 제외하고는 철저한 팀워크가 요구되는 영역이다. 작게는 두 명에서 많게는 수십 명씩 호흡하다 보면 마음이 맞지 않거나 손이 맞지 않아 가끔 다투는 일이 일어나기도 한다. 이미 마음속에서 '나는 쟤랑은 안 맞아!'라고 선을 그어버리고 대화를 나누지 않는 일도 다반사다.

리더가 좋은 성과를 이끌어내기 위해서는 직원들 간의 관계 조율도 현명하고 지혜롭게 풀어가야 한다. 나는 경영에 있어 고객과의 문제보다 직원들의 다툼이나 불만을 해결해나가는 것이 훨씬 더 어려웠다. 결론부터 말하면, 나는 이런 부분을 팀을 묶어 풀어나갔다.

숍은 따로 영역이 분리되어 있지는 않지만 대부분 팀으로 나누어져 있다. 팀을 구성할 때 두 명에서 다섯 명의 디자이너와 여기에 맞는 스태프를 배치하게 된다. 누군가가 서로 사이가 좋지 않다고 정보가 들어오면 팀 조정 전에 먼저 공지를 한다. 공지 없이 시간을 주지 않고 리더 마음대로 언제든지 바꾼다면 직원들은 마음의 준비를 할 시간이 없게 되고 작은 불만의 씨앗들이 생긴다. 공지를 통해 팀 조정의 이유와 좋은 명분을 알리면 대부분 팀 배치에 수긍하지만 아주 간혹 나를 찾아와 상의하는 직원들이 생긴다.

해결하지 않는 것이 해결책

여기서 선택지는 두 개다. 서로 불편한 사이끼리 묶을 것인가? 서로 불편하기 때문에 따로 떨어뜨려 놓을 것인가?

직원들의 이야기에 나는 '어머, 그랬구나', '속상했겠다', '얼마나 곤란했니', '네 맘이 많이 안 좋았겠네', '마음을 몰라주는 것 같아 속상했던 거구나" 등등 충분히 감정을 교감해주고 대신 해결점은 주지 않았다. 과거에 해결해주려다 낭패를 본 경험도 있었고 어디까지나 사람 관계는 둘만의 감정선이 있기 때문이다.

물론 중간에 그의 말을 가로막고 온갖 이야기를 해주고 싶은 마음이 불쑥불쑥 올라오기도 하지만 진심을 다해 들어주다 보면 상대의 욕을 하든 펑펑 울든 어느 정도의 감정이 잦아들 때가 있다. 이럴 때 나는 "그래서 넌 어떻게 하고 싶어?"라고 먼저 묻는다. 그러면 상대방은 잠시 신중하게 생각한 뒤 "글쎄요 원장님, 제가 어떻게 하면 좋을까요?"라고 되물어오는 경우가 많다.

이들의 속마음은 기본적으로 잘 지내고 싶은 마음이 크지, 서로 반목하고 싶은 마음은 없다. 그저 이런 내 마음을 누가 좀 알아줬으면 하는, 위로받고 싶은 마음에 울기도 하고 제3자에게 얘기도 하는 것이다.

'전우애'를 느낄 수 있는 행동에 초기 개입하라

사회 초년생일수록 인간관계를 혼자 풀어내기란 여간 쉽지 않다. 그렇기 때문에 리더는 직원들의 이런 고충을 스펀지처럼 듣고 도와줄 때는 현명하게 대처해야 한다. 나는 이때 '같은 팀 해보기'를 아주아주 조심스럽게 제안한다. 평생 말을 안 할 것도 아니고 누군가 한 명이 회사를 그만둘 것도 아니면 더 자주 보게 하면서 서로에게 필요한 존재, 즉 '전우애'가 생기는 행동에 불이 붙을 수 있도록 리더가 개입하는 것이다.

내 경험으로는 11년 동안 1~2팀 정도를 제외하고는 대부분이 사이가 더 좋아지거나 호전되거나 했다. 서로에 대해 잘 알기도 전에 누군가로부터 받은 선입견도 한몫하기 때문이다. 사람들의 모든 상황과 관계를 한 문장으로 설명하기는 힘들지만 우리가 사는 세상은 어떠한 쪽으로든 혼자 살아가기는 힘들다.

리더는 이런 부분에서 일과 사람을 지혜롭게 조화할 줄 알아야 한다. 서로가 기본적인 인간성이 된, 상식이 통하는 정상적인 인격이라는 가정하에(나르시시스트나 소시오패스 등의 경우 제외) 서로 도움을 주고받을 수밖에 없는 '전쟁터'에 묶어놓으면 서로 돕고 도우면서 더 깊은 관계로 발전해나갈 수 있다고 확신한다. 만약 누군가가 나를 좋아하게 만들고 싶다면 작은 호의를 베풀어라. 아니면 내가 먼저 상대에게 작은 도움을 요청하는 것도 좋은 방법이 될 것이다. 서로 도와주면 서로 좋아지게 된다.

뼈아픈 고백

몇 년 전에 있었던 일이다. 보통 헤어숍은 디자이너를 지명하고 방문하는 경우가 많은데, 한 고객이 지명하는 담당 디자이너가 있음에도 불구하고 헤어숍을 옮겨 나에게 예약을 했다. 나는 당시 양쪽 헤어숍에서 모두 일했는데, 이날은 1호점에서 일하는 날이었다. 평소 잘 알고 지내던 그 고객은 남자분이었는데 이날도 여느 때와 다름없이 서로 인사도 잘하고 소소한 담소도 나누면서 기분 좋게 스타일을 디자인해드렸다.

그런데 고객 눈치가 살짝살짝 뭔지 모르게 하실 말씀이 있는 듯했다. 아니나 다를까, 시술을 마무리할 때쯤 고객이 나에게 어렵게 말을 꺼냈다. 담당 디자이너가 제안하길 살롱에서 결제하지 않고 개인 통장으로 결제해주면 더 많은 할인을 해주겠다고 해서 여러 차례 그렇게 했다는 것이다. 그뿐만 아니라 고객의 친구들까지 여러 차례 꽤 오랜 시간 동안 그렇게 계산을 해왔다고 했다. 당시 디자이너가 제시한 결제 조건이 좋아서 혜택을 받고자 그렇게 하긴 했지만 혜택받는 내내 마음이 편하지 않아서 솔직하게 얘기한다고 했다.

순간 나는 표정 관리가 잘 안 되었다. 온몸이 사시나무 떨리듯 떨리고 지나가던 사람들이 알아차릴 정도로 열이 올랐다. 그녀를 향한 인간적 배신감에 도통 잠을 이룰 수 없었고 몇 날 며칠을 고열로 몸살을 앓았다. 직원들에게 진심을 담아 경영해왔기에 허탈감은 더욱 컸다.

마주 앉아 마음을 확인하다

본사에서는 차후 똑같은 일이 일어나지 않도록 법적으로 해결하라고 했지만 나는 내 손으로 내 새끼를 구속하고 싶지 않았다. 매니저와 대략 계산해보니 몇백 단위의 꽤 큰 금액이었고 변호사를 통해 알아본 바 횡령과 사기가 성립됐다. 디자이너가 프리랜서라도 당연히 해고 대상이었고 내가 얼마든지 구속할 수 있는 상황이었기에 그 디자이너를 조용히 불렀다.

나는 그가 자신의 잘못을 인정하고 두 손이 발이 되도록 싹싹 빌 거라고 예상했다. 하지만 그는 잔뜩 심통난 얼굴로 어떻게 알아냈냐는 의문이 더 강했고 묵언으로 초지일관했다. 그에게는 최소한의 윤리 의식조차 없었다. 속으로는 그 디자이너가 너무 긴장하고 무안하고 부끄럽고 죄송해서 그랬을 것이라고 믿고 싶었지만 그의 태도는 내 기대를 여지없이 무너뜨렸다. 그는 끝까지 진심으로 사과하지 않았다. 그러고는 깨진 신뢰를 붙여보고자 노력조차 하지 않은 채 단 한 통의 문자도 없이 내가 없는 깊은 밤, 본인의 물건을 챙겨 사라졌다.

상처와 회복은 반비례

'태도'는 사전적 의미로 어떤 '일이나 상황 따위를 대하는 마음가짐 또는 그 마음가짐이 드러난 자세'다. 나는 이러한 태도를 '마음의 모양' 또는 '내면의 거울'이라 정의한다. 외향, 내향의 성향에 상관없이 자신의 생각이나 마음가짐이 겉으로 배어나와 표현되는 것이기 때문이다.

나는 부족한 것이 많은 환경에서 자랐지만 부모님의 성실한 태도의 영향으로 감사하게도 삶이나 사람에 대해 최소한의 상식은 지니며 살아간다. 그러나 사업하면서 나이만 먹는다고 해서 다 어른이 아니며 '상식'이란 것이 누구에게나 통하는 것은 아니라는 걸 많이 느꼈다.

사람과 사람이 만나 같은 공간에서 소통하며 '비즈니스'라는 것을 하는데, 최소한 서로의 감정에 고의로 상처를 주지는 않아야 한다. 다친 감정을 덜어내기까지는 꽤 오랜 시간이 걸리기 때문이다.

실력을 보석으로 빛나게 해주는 단 하나의 열쇠

살면서 거짓말을 단 한 번도 하지 않은 사람은 아마 없을 것이다. 오죽하면 선의의 거짓말이라는 말도 있을까. 하지만 내가 이야기하고 싶은 거짓말은 의도가 음흉한, 상대를 눈앞에서 옳지 못한 방법으로 속여 넘기는, 기만하는 거짓말이다.

무엇이 옳은지 그른지를 알고, 최소한의 상식이 통하는 태도는 어떠한 성과나 지식보다 더 중요하다. 잘못 배웠거나 잘 배울 수 없는 환경에서 자랐다면 수용하는 태도로 좋은 쪽으로 조금씩 바꾸어나가야 한다. 무엇이든 처음이 어렵지 하다 보면 습관이 된다. 자신을 어떤 방향으로 끌어나가고 싶은가? 내 양심에서는 무슨 소리가 들리는가? 성공은 실력 하나만으로 이루어지지 않는다. 실력을 보석으로 빛나게 해주는 단 하나의 열쇠는 바로 올바른 태도다.

07 ————
나의 에너지 4종 세트

헐~, 대박!, 진짜?, 박수 짝짝짝

약 20년 동안 나는 '지나'라는 예명으로 뷰티 활동을 해왔는데 나와 함께 일했던 스태프가 예명 앞에 '에너지'라는 호를 붙여 '에너지나(에너지 + 지나)'라는 멋진 닉네임을 만들어주었다. 너무나 마음에 들었다. 나의 이미지가 이름 하나로 정리되는 느낌이었다. 현재는 '이로운 한나'라는 예명으로 활동한다.

자존감이 낮았던 나는 에너지나라는 이름을 가진 이후 이름에 걸맞게 에너지 넘치는 모습을 만들고 싶었고 위축되거나 부정적인 모습으로 살지 않기 위해 노력하게 됐다. 그래서 요즘은 유독 별명이 많이 생겼다. 신병철 박사님과 홍성태 교수님이 붙여주신 에너지 방청객, 김창옥 교수님이 붙여주신 에너지 성층권, 조성희 대표님이 붙여주신 저세상 텐션 등 이 외에도 들으면 모두 신나고 기분 좋은 별명들이다.

그리고 이들은 한결같이 "너랑 얘기하면 시간 가는 줄 몰라! 너무 재미있어~"라고 말한다. 인사치레일 수도 있지만 그중 한두 명이라도 진심이라면 이 얼마나 감사한 일인가? 내가 이러한 별명을 갖게 된 이유 중 하나는 사람들과 대화 나눌 때 네 가지의 방법을 활용하기 때문이다. 바로 '헐~ 대박! 진짜? 박수'다.

이 방법은 대학원에서 코칭 과정을 수료할 때 담당 교수님이신 김현정 교수님이 알려주신 방법이다. 누군가와 대화할 때 질문과 경청으로 대화를 이끌어내고 그가 스스로 솔루션을 찾아갈 수 있도록 도와주는 것이 가장 큰 핵심인데, 경청 시 네 가지 방법 중 "헐~ 대박!! 진짜?" 이 세 단어를 뉘앙스를 달리해서 부드럽게 의미를 잘 전달하면 효과적이다.

강사와 바텐더 그리고 헤어디자이너를 동시에

"아니! 나이가 몇 살인데 이게 걸렸을까~ 무슨 일 하세요?"

몸이 너무 아파 찾게 된 동네의 한 의원에서 나이 지긋하신 의사에게 들은 얘기다. 진단명은 대상포진(몸의 좌우 한쪽 신경에 포진 바이러스가 감염되어 일어나는 병)이었다. 나아지지 않는 가정 형편으로 낮에는 디자이너로 밤에는 바텐더 알바를 하면서 얻은 질병이었다. 밤 10시부터 새벽 4시까지 일하고 오전엔 아카데미 강사로, 또 하루 중 제일 많은 시간은 헤어디자이너로 이렇게 세 가지 일을 하며 생계를 유지해갔다.

가장 힘들었던 바텐더는 처음에는 단순히 어려운 생계를 위해 시작한 부업이었다. 하지만 시간이 갈수록 마스터 매니저 님의 탁월한 고객 응대를 보면서 나의 전업인 뷰티 일에도 배우고 적용할 점이 많아 6개월이란 힘든 시간을 견디게 되었다.

그야말로 인간 빅데이터

2000년대 초반 홍대를 주름잡는 바(Bar)가 있었다. 강 건너 여의도에서 온 고객들로 문전성시를 이루었다. 금융권에 종사하는 사람부터 정치계, 연예계 할 것 없이 일반 사업가들과 얼굴만 봐도 알 만한 사람들의 아지트와도 같았다.

마스터 매니저는 여자였는데, 블랙 컬러의 롱헤어를 허리까지 길러 가운데 가르마를 타 정갈하게 올백으로 묶고 항상 새빨간 립스틱으로 카리스마 있고 세련된 이미지를 지켜나갔다. 스타일도 스타일이지만 무엇보다 그 매니저에게서 배울 점은 바로 강력한 고객 응대와 고객 관리였다.

수십 또는 수백 가지의 술 종류를 꽤고 있는 것은 당연한 일이었고 어떤 고객이 언제 무슨 술을 얼마나 마셨고, 그 술이 어느 위치에 보관되어 있는지 모든 정보를 기록과 더불어 기억도 하고 있었다. 지금 말로 하면 진짜 빅데이터였다. 이 때문에 직원들에게도 정확한 오더를 내릴 수 있었고 고객 한 명, 한 명의 취향이나 주량을 알고 있었다. 또 재방문 주기나 추천 메뉴 등 선순환 시스템을 만드는 데 아주 큰 영향을 미쳤다.

상대에게 연결감을 느끼게 하는 인정 기계 화법

이 중에서 가장 놀라웠던 건 그 무엇도 아닌 고객 응대 방법이었다. 매니저는 나에게 '고객의 마음을 얻고 싶으면 고객과 이야기 나누는 그 순간만큼은 그 사람이 되어라!'라고 말했다. 그 말의 의미가 20대 초반에는 아주 어렵게 다가왔다. '진짜 그 사람이 되라니! 그 사람이 아닌데 어떻게 진짜 그 사람이 되나!'

하지만 나이가 들면서 소통 공부와 사람에 대한 경험이 쌓이고 나니 매니저가 강조한 부분이 바로 '적극 공감'이라는 것을 알게 됐다. 고객들이 기계적으로 서비스하는 곳이 아닌 진심으로 공감해주는 매니저가 있다는 것을 느끼자 그곳이 문전성시를 이룰 수 있었던 것이다. 나는 그때 매니저에게 공감을 어떻게 하느냐고 질문했다. 매니저는 나는 속마음에서 '인정 기계'를 돌린 후 고객과 대화를 나눈다고 대답했다. 예를 들어 '인정 기계'는 다음과 같다.

고객이 자리에 앉아 회사의 부당함을 토로하며 "이번 인사고과 결과는 너무 부당해! 내가 공들인 게 얼만데!"라고 말한다면 보통 "왜요?" 또는 "그 회사 나빴네!" 정도가 공감이 담긴 대답일 것이다. 그런데 이 매니저는 고객의 여러 이야기를 듣고 자신의 속마음에서 조건 없는 인정 기계를 작동시킨다고 했다.

'나는 알아요, 고객님. 나는 고객님이 대단한 사람이라는 것도 잘 알고, 왜 속상해하는지도 알아요. 그동안 무지 애쓴 것도 다 알아요. 나였다면 이렇게 차분하지도 못해요. 잘 참고 있는 고객님이 대견하기까지 해요. 왜 회사는 이렇게 괜찮은 고객님을 못 알아볼까?' 속으로 이렇게 진심을 담아 생각한 후 한숨 소리라든지 짧은 몇 마디로 대답하는 것이다.

몇 번 바를 오갔고 매니저와 대화를 나눠본 손님이라면 유대감 또는 신뢰감이 생겨 매니저의 속마음과 감정이입, 공감 등이 오로지 몇 마디 말로도 전달되는 것이다. 매니저는 대답하면서 고객이 다니는 회사 흉도 보지 않고 고객의 말에 동조도 하지 않았으며 그저 표정과 가벼운 리액션 그리고 짧은 몇 마디로 고객을 위로했다. 그리고 그 대화의 주체가 고객이 될 수 있도록 했다.

그냥 누구나 할 수 있는 몇 마디 말일 수도 있지만 진심의 공감이 담기면 상대에게 전해지는 느낌 또한 다르다. 매니저는 마음속으로 대답하기 전에 적극적인 경청과 조건 없는 인정과 수용을 그녀만의 '인정 기계'로 돌린 후에 진심으로 대답했기 때문에 고객은 자신의 마음과 연결된 듯한 매니저의 공감에 고마워서라도 다음에 한 번 더 오거나 친구를 데리고 오거나 술을 잘 못 마시면 안주라도 더 주문하게 되는 것이다.

정말 진심으로 당신의 이야기를 듣고 있어요

내가 본 마스터 매니저는 말수가 적은 진짜 프로였다. 누군가에게는 그저 술집의 비화일 수도 있겠지만 나에게는 정말 배울 점이 많은 이야기였다.

세계 최고의 진행자인 오프라 윈프리(Oprah Gail Winfrey)는 출연진이 말할 때 눈을 맞추고 고개를 가볍게 끄덕인다. 또 상황에 따라 손바닥을 하늘로 보이며 어깨를 으쓱하며 '으흠, 으흠' 또는 'Wow' 이런 느낌의 감탄사를 한다. 그리고 우리나라 사람들은 이런 행동과 함께 말을 덧붙여 상대의 흥을 돋운다. 유재석, 신동엽, 강호동처럼 말이다. 나라마다 스타일과 문화는 다르겠지만 이 최고의 진행자들은 왜 이렇게 온몸으로 상대의 말을 들어주는 것일까? 우리는 보통 눈을 마주치고 고개를 끄덕이는 것을 경청이라고 흔히들 안다. 그러나 진짜 경청이란 '내가 당신 얘기를 귀담아 잘 듣고 있어요!'라고 상대에게 신호를 보내는 것이다.

가장 효과적인 방법 중 하나는 우리나라 말로 맞장구(리액션)이며 이 맞장구는 제스처(몸의 표현)와 함께 감탄사를 의미한다. 사람은 자신의 이야기에 반드시 동의하지 않더라도 상대가 잘 들어주고 있는 것만으로도 고마움을 느낀다.

맞장구가 다 한다

하루는 A라는 직원이 내게 와서 B 직원의 험담을 했다.

"원장님~ 정말 B 씨 짜증나고 재수 없어요!"

"어머 왜?"

"아니 글쎄 (중간 생략) 이러지 뭐예요?"

"(헐~ 아이고~)그랬어? 그런 일이 있었어?"

"(대~박!) 그랬어? 그런 일이 있었어?"

내가 어떤 맞장구를 하건 상대는 모두 자신의 이야기를 듣고 있다고 느낀다. 귀담아 잘 들어준다고 생각한다. 그렇다고 맞장구를 쳐주는 내가 B 직원에 대해서 A 직원과 함께 험담하는 건 아니다. 말하는 내용에 동의는 하지 않고 있다. 반면 같은 상황에서 다음과 같이 맞장구치면 어떨까?

"뭐? 걔가 진짜 그랬어? 걔 안 되겠네~~!"

의미가 바로 완전 달라진다. 이렇듯 상대의 감정을 충분히 느끼는 공감을 하라고 했더니 상대의 험담에 동참하는 경우가 허다하다. '부정적인 말을 해도 그 부정의 말에 동의하는 것이 아니라 충분히 듣고 있다. 그러니 내가 늘 동의는 안 해도 언제든 네 이야기를 들어는 줄 테니 마음 놓고 얘기해'라는 의미의 경청이 아주 중요하다. 사용하는 감탄사가 '헐~ 대박! 진짜?'가 아니어도 '와~ 정말? 어머!' 등등 모두 다 괜찮다. 무조건 의견에 동의하는 건 아니지만 네 말을 성의껏 듣고 있다는 것을 알리는 것에 목적이 있다. 단어 하나하나에 의미는 없다.

사람은 내 이야기를 적극적으로 경청하고 '네 마음이 그랬구나!', '그 순간에는 그럴 수도 있겠구나!' 하는 조건 없는 인정과 수

용의 상태를 느끼면 신나서 말하게 된다. 이렇게 해야 하는 이유는 우리는 직원들과 고객의 마음속 경계를 없애고 그들과 연결되는 데 목적이 있기 때문이다.

나의 에너지를 맞장구로 표현하라

자신의 에너지를 표현하는 자신만의 맞장구는 상대방의 마음을 열고 그의 입도 무아지경으로 연다. 상대의 입을 무아지경으로 열게 한다는 것은 말하는 사람이 말을 하고도 무슨 말을 했는지, 오늘 내가 왜 이렇게 수다를 많이 떠는지 자신도 의아할 정도로 신이 나서 말을 하게 된다는 뜻이다. 보통 호응 좋은 청중을 만난 강사들이 강의 도중에 무슨 말을 했었는지 강의 후 기억이 안 날 때가 바로 이런 경우다.

호응, 즉 리액션이 좋다는 것의 의미는 입만 뻥긋뻥긋하는 것이 아니라 약간의 신체도 사용해서 말과 맥락이 이어지는 '박수'와 같은 제스처도 포함된다. 어머(헐~~) 세~~상에(대박) 정말요?(진짜?)와 같은 단어는 꼭 사용하지 않아도 이 감탄사들이 가진 의미를 상황(기쁘거나 슬플 때 또는 속상할 때)에 맞게 표현해주면 상대방의 자존감은 높아지고 기분까지 좋아진다.

나의 에너지를 맞장구로 표현하고 고객 그리고 직원들과 한껏 즐기는 대화를 해보자. 사람들이 모두 나와 대화하고 싶어 하는 것을 느낄 수 있을 것이다.

내가 리더라는 것을 잊지 말자

시소는 가운데 앉으면 재미가 없다. 시소를 탈 때는 양 끝 쪽에 앉아야 스릴도 있고 재미도 있다. 하지만 리더는 시소의 가운데에 앉아야 한다. 재미는 좀 없어도 가운데 앉아서 양 끝 쪽에 앉은 내 직원과 고객이 떨어져 다치지는 않는지 재미있게 잘 즐기고 있는지 세심하게 돌봐주어야 한다.

리더가 한쪽으로 치우쳐 누군가와 편을 만들면 다른 한쪽은 무너진다. 자신과 조직에 대한 신뢰도 믿음도 미래의 기대도 물거품처럼 사라진다. 나도 쉽지 않지만 매일 이것을 의식하면서 보내고 있고, 하루하루 스스로에게 떳떳하기 위해 노력하는 오늘을 만들어나가기 위해 노력하고 있다.

08 아싸로 시작했다 인싸로 끝맺는 비결

나의 첫 리더십은 '왕따'였다

2009년 4월 21일, 처음으로 '원장'이란 타이틀을 갖게 됐다. 이제 막 기술을 배우기 시작한 신입 스태프부터 담당 고객을 직접 만나 스타일을 책임지는 디자이너, 디자이너와 리더의 역할을 겸하는 지점장을 거쳐 내가 직접 투자한 나의 헤어숍을 가지게 된 역사적인 날이었다. 오픈 하루 전날인 20일 밤에는 너무 긴장되어서 한숨도 잠을 이루지 못했다. 100퍼센트 금융권과 지인에게 빌린 돈이었기 때문에 리더로서의 마음가짐보다는 '망하면 나는 끝이다'라는 생각으로 가득했다.

그래서였을까? 오픈의 설렘보다 돈에 대한 부담감과 긴장감으로 매일 밤이 괴로웠다. 10여 년 전만 해도 강력한 카리스마와 뛰어난 리더십을 바탕으로 조직 구성원들이 자신의 결정을 따르게 하는 '카리스마 리더십'이 붐을 일으켰다. 어떤 것이든 해석을 잘해야겠지만 나는 어리석게도 카리스마 리더십을 리더는 강해야 하고 실수하지 않아야 하며 슬픔도 뒤로 삼키며 직원들에게 힘든 모습을 보여주지 않아야 하는 리더십으로 해석했다.

나는 오픈 후 이런 정신을 기본으로 두고 그동안 해왔던 대로 최선의 최선을 다해서 대상포진을 친구처럼 달고 혼신의 힘을 쏟으며 몰입했다. 헤어숍은 단골 고객이 단 한 명도 없다고 가정했을 때 약 3~4개월이 지나야 조금씩 성과가 나온다. 고객이 머리를 다시 하는 주기가 한 달에서 3개월 정도가 소요되기 때문이다.

그런데 성과가 오르기는커녕 오픈 4개월 정도 지나서부터 직원이 한 명씩 찾아와 "원장님, 혹시 오늘 시간 되세요?", "원장님~ 드릴 말씀 있습니다"라고 요청해왔다. 이 요청들은 정말 상의하고 싶은 게 있어서가 아니라 퇴사를 알리는 신호탄들이었다. 또 홀에 직원들이 보이지 않아서 혹시 직원실에 다 들어가 있나 싶은 마음에 직원실로 들어가면 직원들이 썰물 빠지듯이 쭉 직원실을 빠져나갔다.

'내가 왜 이런 취급을 받으며 일하는 건가?', '내가 왜 이런 취급을 받고도 리더를 하는 건가?'라는 생각에 사로잡혀 시간이 지날수록 알 수 없는 서러움과 미칠 듯한 외로움에 정말 죽고 싶었다. 그건 그 이름도 유명한 '왕따'였다.

결국 직원들 앞에서 대성통곡하다

사람이 중요하다는 것을 알고는 있었지만 빈틈없고 일을 완벽히 수행하기만 하면 직원들이 따라올 줄 알았던 나의 무지함을 스스로 알아차리기까지 수십 명의 직원이 퇴사했다. 수많은 시간이 알아차림의 대가로 흘렀다. 그때 당시 나는 내가 무엇이 부족하고 나의 어떤 부분으로 인해서 직원들이 힘들어하는지를 고민하고 그들을 이해하고 나를 성찰하는 것이 아니라 모든 원인을 직원과 헤어숍 탓으로 돌렸다. 이런 분위기 속에서는 도저히 매출이나 직원들의 화합 그리고 장기근속을 기대할 수 없었다.

그야말로 망하기 일보 직전인 상황에서 절대적으로 변화가 필요했다. 2012년 12월 30일, 나는 몇 명 남짓한 직원들을 불러 모았다. 약 1시간이 넘는 동안 직원들에게 단 한 번도 보이지 않았던 모습들을 보였다. 지난 3년 반 동안 무인도로 출근하는 것만 같았던 외로움과 서러움 그리고 무능력한 리더를 만난 직원들에게 미안한 마음이 복받쳐 대성통곡을 하며 지난 시간들을 진심으로 사과했다.

사실 사과하기 전, 내 진심을 직원들에게 질책받을 것 같은 두려움에 몇 날 며칠을 잠 못 이루었다. 하지만 걱정과 다르게 직원들은 질책하지 않았다. 나의 진심을 마치 오래전부터 기다렸다는 듯이 함께 펑펑 울어주고 내 눈물을 닦아주고 들썩이는 내 몸을 힘껏 안아주었다. 자신들의 유치한 행동들 때문에 그동안 맘고생 많았다며 되려 나를 위로해주면서 사과를 전해왔다.

3년이라는 긴 시간 동안 가슴 안에 있던 응어리들이 한순간에 녹아내리는 것 같았다. 나이 어린 직원들이 나보다 훨씬 더 성숙한 어른이고 경영의 스승임을 깨닫게 된 정말 내 평생 잊을 수 없는 감사한 날 중 한 날이다.

내가 변하자 찾아온 기적 같은 변화

그 후 기적이 왔다. 2013년을 이틀 앞둔 날 나의 회개 외에는 인테리어 등 외형적으로 그 무엇도 변한 것이 없는 숍이 날이 갈수록 따뜻한 분위기로 변해갔고, 웃음이 넘쳐났으며 매출 숫자도 점점 달라지기 시작했다.

이마트 안 제일 구석진 곳, 30평 남짓한 나의 숍은 넘쳐나는 고객으로 발 디딜 틈이 없어졌다. 심지어 직원들 대신 고객들이 바닥에 떨어진 머리카락을 빗자루로 정리해주시거나 컵을 닦아주셨다. 다른 고객 음료를 대신 가져다주는 고객, 펌하는 디자이너에게 스태프 대신 펌 롯드를 집어주는 고객, 직원들이 배고플까 봐 일하고 있는 직원들 입속에 간식을 넣어주는 고객, 대기시간이 길어져도 화 한 번 내지 않고 묵묵히 기다려주시는 고객 등등 너무나도 믿기지 않는 기적과도 같은 매일이었다.

그중 제일 많이 변한 것은 바로 리더인 '나'였다. 어떤 기교를 익혀와서 기술을 달리한 것이 아니었다. 경직된 내 몸에 힘을 많이 빼기 위해 노력했고 직원들에게 부담을 주고 싶지 않아 잠깐 눈인사할 때도 좀 더 진심을 담아 눈을 마주치기 위해 애썼고 많이 웃어주고 최대한 잘 들어주기 위해 최선을 다했다.

예전 같으면 직원들이 고민을 얘기했을 때 해결해주려고 했지만 해답을 원하는 것이 아님을 깨닫고 그들의 고민을 진심으로 들어주고 공감해주면서 필요한 부분을 연결해주었다. 응원해주고 토닥토닥 격려해주며 무엇보다 많이 안아주었다. 잠시라도 직원들을 진심으로 안아줄 땐 뭔지 모를 찡함에 가끔 눈시울도 뜨거워졌다. 나를 '리더'라고 불러주는 직원들이 있어야만 내가 리더임을 깨닫는 '진실의 순간'이었다.

교육 부분도 기술교육보다 마음 근육 교육의 비중을 더 높였다. 직원들은 나에게 큰 것을 바라는 게 아니었다. 사람 대 사람으로 소통을 원했다. 사업은 사람이 하는 것이고 사람은 '소통'이 될 때 '자신의 존재감'을 느끼고 조직에 흡수된다. 그런데 나는 아주 중요한 이 부분을 머리로만 알았지 가슴으로 품고 겉으로 표현할 줄은 몰랐다. 나와 소통이 되지 않았기 때문에 직원들은 속이 터져 스스로 조직을 떠났던 것이다.

회사는 당연히 이익을 내야 하고 또 그 안에서 개인의 성장을 반드시 이뤄내야 하지만 이익과 성장 이전에 직원들은 조직을 이끄는 리더에게 인간적인 교감과 공감, 격려를 원했다. 이런 감정들이 조금씩 뭉쳐야 '인정받는다', '소속되었다'라고 느끼고 안정감을 느끼게 된다.

리더는 직원들과의 원만한 소통을 통해 인간의 '인정받고 싶은 욕구', '소속감', '안정감'에 대한 욕구를 반드시 충족시켜줄 수 있어야만 한다.

내 직원은 내가 지킨다

사람과 사람 간의 '소통'은 서로의 '관계'를 맺어가는 매우 중요한 요소다. 서로 간의 관계가 보이지 않는 믿음으로 끈끈하게 이어져 있다면 설사 도둑질을 하고 사람을 때렸다는 소리가 들려도 '그럴 사람이 아니야, 뭔가 오해가 있겠지' 하며 믿음의 끈을 놓지 않겠지만 '관계 맺기'가 제대로 되어 있지 않으면 아무리 좋은 소리를 주위로부터 들어도 또 그 사람이 아무리 긍정적인 태도를 보이고 일을 해도 믿음이 생기지 않고 예뻐 보이지도 않는다.

조직에서 직원들끼리 관계가 잘 맺어지기 위해서는 리더가 먼저 들어주고 직원들의 말이나 행동에 적극 공감해주고 인정해주는 일이 1순위가 되어야 한다. '내 직원은 내가 지킨다'라는 믿음과 신뢰를 먼저 보여줘야 직원들로부터 믿음이 돌아온다.

관계 정립은 거기서부터 시작된다. 이런 건강한 '관계'가 맺어지면 비로소 리더가 하는 경영의 메시지가 직원들의 가슴에 들어가기 시작한다고 나는 믿는다. '지혜로운 소통'으로 인한 사람 간의 '관계 맺기'를 잘해나간다면 주변이 내 편인 사람들로 넘쳐나는 행복한 리더가 될 수 있다. 그리고 이럴 때야말로 비로소 행복하고 즐거운 오프라인 비즈니스가 될 것이라 확신한다.

오늘도 현장에서 건택하며 고군분투하고 있는 이들이여~~!! 그리고 숍 비즈니스의 성공을 꿈꾸는 리더와 미래의 리더들이여~~!! 온 마음을 다해 당신을 열렬히 응원합니다.